Gerontodrama: a velhice em cena

Estudos clínicos e psicodramáticos sobre o envelhecimento e a terceira idade

Dados Internacionais de Catalogação na Publicação (CIP)
(Câmara Brasileira do Livro, SP, Brasil)

Costa, Elisabeth Maria Sene
 Gerontodrama: a velhice em cena: estudos clínicos e psicodramáticos sobre o envelhecimento e a terceira idade / Elisabeth Maria Sene Costa. – São Paulo: Ágora, 1998.

 Bibliografia.
 ISBN 85-7183-647-7

 1. Envelhecimento 2. Envelhecimento – Aspectos psicológicos 3. Gerontologia 4. Psicodrama 5. Velhice – Aspectos sociais 6. Velhos – Psicologia I. Título.

98-3647   CDD-616.8915230240565

Índice para catálogo sistemático:

1. Psicodrama para a terceira idade : Ciências médicas
   616.8915230240565

Compre em lugar de fotocopiar.
Cada real que você dá por um livro recompensa seus autores
e os convida a produzir mais sobre o tema;
incentiva seus editores a encomendar, traduzir e publicar
outras obras sobre o assunto;
e paga aos livreiros por estocar e levar até você livros
para a sua informação e o seu entretenimento.
Cada real que você dá pela fotocópia não autorizada de um livro
financia o crime
e ajuda a matar a produção intelectual de seu país.

Gerontodrama: a velhice em cena

Estudos clínicos e psicodramáticos sobre o envelhecimento e a terceira idade

Elisabeth Maria Sene Costa

GERONTODRAMA: A VELHICE EM CENA
Estudos clínicos e psicodramáticos sobre o
envelhecimento e a terceira idade
Copyright© 1998 by Elisabeth Maria Sene Costa
Direitos desta edição reservados por Summus Editorial

Capa: **Renata Buono**
Editoração eletrônica: **Acqua Estúdio Gráfico**

2ª EDIÇÃO

Editora Ágora
Departamento editorial:
Rua Itapicuru, 613 – 7º andar
05006-000 – São Paulo – SP
Fone: (11) 3872-3322
Fax: (11) 3872-7476
http://www.editoraagora.com.br
e-mail: agora@editoraagora.com.br

Atendimento ao consumidor:
Summus Editorial
Fone: (11) 3865-9890

Vendas por atacado:
Fone: (11) 3873-8638
Fax: (11) 3873-7085
e-mail: vendas@summus.com.br

Impresso no Brasil

Aos meus amados pais

Vocês partiram cedo demais e não puderam estar aqui, ao meu lado, para compartilharmos, juntos, esse momento tão significativo de minha existência. Embora ausentes, sinto-os dentro de mim, e o respeito e o amor que nos dedicamos, sempre estarão vivos.

À minha querida mãe preta

Não tenho a cor de sua pele e nem nasci do seu ventre, mas aprendi muito do mundo com você. A sua presença, as suas rezas e a sua alegria, todas vivas, transmitem calor à minha caminhada, e as suas histórias me auxiliam a resgatar as lembranças do passado.

Agradecimentos especiais

A quatro pessoas sensíveis que me deram força e me estimularam na produção deste trabalho:

José Fonseca
Lucila Maria Costa Sampaio
Maricenne Costa
Rosilda Antonio

Agradeço também:

Aos meus prezados companheiros, familiares, amigos, colegas que — alguns bem de perto, outros à distância — direta ou indiretamente, no seu momento e à sua maneira, com sua parcela de doação, carinho e amor, contribuíram na elaboração deste livro.

Antonio Carlos Cezarino
Carol Sonenreich
José Collarile
Manoel Antonio dos Santos Mascarenhas
Miguel Perez Navarro
Regina Teixeira da Silva
Sergio Perazzo
Vera Lúcia Moraes

Aos meus queridos pacientes, independente de suas idades, a quem tento ajudar a minimizar o sofrimento e com quem aprendo tanto.

Índice

Prefácio	11
Introdução	15
1. CONCEITO ETIMOLÓGICO E SIGNIFICADOS DA PALAVRA "VELHO" E SIMILARES	23
2. O ENVELHECIMENTO E SEUS CONCEITOS — O QUE É TERCEIRA IDADE?	31
Conceito cronológico	32
Conceito biológico	32
Conceito pessoal	33
3. ASPECTOS BIOPSICOSSOCIAIS DA VELHICE	39
Aspectos biológicos	39
Aspectos psicológicos	43
Aspectos sociais	50
4. GERONTODRAMA	55
A. Conceituação	55
B. Conflitos e sintomas mais freqüentes	56
C. Indicações e contra-indicações para o grupo	57
I. Indicações	
1. Interesse pela psicoterapia	58
2. Solicitação do paciente	59

3. Personalidade idosa "vivaz" 61
4. Predisposição a tomada, desenvolvimento e reformulação de papéis sociais 64

II. Contra-indicações
1. Alterações orgânicas agudas e/ou graves 67
2. Incapacidade elaborativa por empobrecimento intelectual 68
3. Transtornos mentais 69
D. A sessão de Gerontodrama grupal 76
a. Contextos 77
b. Instrumentos 79
c. Etapas 81
d. Características da sessão 89
e. Utilização do material da sala 97
f. Recursos psicodramáticos utilizados 102
E. Considerações teóricas 108
I. Categoria do momento 109
II. Teoria da espontaneidade — criatividade e conserva cultural 111
III. Teoria sociométrica — fator tele 117
IV. Expansividade emocional 120
V. Teoria do papel 124

5. PEQUENA INCURSÃO SOBRE O NARCISISMO NA TERCEIRA IDADE 137

6. CONCLUSÃO 153

Referências bibliográficas 161

Prefácio

Senescência e Maturidade

Acompanhei Elisabeth Maria Sene Costa em seu projeto original deste livro. Fui seu orientador quando da redação do trabalho para a obtenção do título de professor-supervisor junto à Federação Brasileira de Psicodrama (Febrap), como ela comenta na Introdução. Agora, com muitos toques e retoques sai publicado. Nem é necessário comentar a escassez de publicações a respeito de psicoterapia da terceira idade em nosso país. É uma tendência que começa a se reverter na medida em que a população de idosos aumenta e passa a ser referência econômica para os trabalhadores de ajuda, psicoterapeutas incluídos.

A autora vale-se de sólida formação médica, psiquiátrica e psicoterapêutica para ancorar a abordagem psicodramática da terceira idade. Não se limita a falar sobre psicodrama de idosos: oferece um pequeno tratado sobre a senescência. Mas, mais importante, brinda seus leitores com uma criação original: o gerontodrama.

A leitura deste livro me inspirou uma reflexão sobre o *processo do envelhecer*, até mesmo por interesse pessoal, pois me aproximo a passos rápidos, mais rápidos do que gostaria, dessa tal terceira idade. Um dos temas que me chamou a atenção foi o da *maturidade* e de sua conexão com o processo do envelhecer. Beth refere-se ao assunto no Capítulo 5, "Pequena incursão sobre o narcisismo na terceira idade". Tomo a liberdade de tecer alguns comentários sobre o tema.

O que é maturidade? O *Minidicionário Aurélio* refere o óbvio: estado em que há madureza, amadurecimento. Já o *Dicionário Cândido de Figueiredo* vai um pouco adiante, dizendo, entre outras coisas, que maturidade pode significar perfeição. O *Dictionary of psychology* de J. P. Chaplin diz que maturidade refere-se ao pleno desenvolvimento dos processos emocionais. Maturidade seria, então, a possibilidade de o homem aperfeiçoar-se no decorrer da vida. Nesta perspectiva, haveria um ideal a ser buscado, porém, como todo ideal, jamais atingido plenamente, pois significaria a perfeição absoluta ou a transcendência para um estado sobre-humano, divino. Deduz-se daí que existe uma possibilidade gradativa de maturação. Uns seriam mais maduros, outros menos. Pode-se dizer, ainda, que a maturidade constitui mais um *processo* do que um *estado*. O mais correto, então, seria falar em maturescência que expressa melhor um processo em evolução.

Falando em gradação, recordo-me da alegoria do *homem na cruz*. Ela representa os dois caminhos do homem: um é cronológico (horizontal) e o outro se constrói segundo a qualidade de sua consciência (vertical). A cruz representa o ponto de encontro. Pode-se passar por um mesmo *momento* com diferentes qualidades de consciência. O momento m pode ser vivido com qualidade de consciência $c_1, c_2, ... c_n$. Maturidade seria a capacidade de viver cada momento da vida com uma alta qualidade de consciência. Entenda-se *consciência* como atenção, conhecimento e aceitação de si mesmo.

O "conhece-te a ti mesmo" é, assim, uma ponte para a maturidade. O *conhecimento de si* acontece através do desenvolvimento do *eu observador*, instância que não critica nem elogia, apenas constata o que se é. O *eu observador* constitui o *eu terapêutico interior*, ele conduz ao eu *real*. O *eu real* pertence à esfera do *ser*, o *falso eu* pertence à esfera do *parecer*. Já o *eu ideal* serve de parâmetro ao que deve ou pode ser alcançado, está voltado para o futuro. Em seu sentido positivo, ajuda o jovem a lutar, crescer, atingir objetivos. Na velhice, quando mal elaborado, torna-se fonte de ruminações negativas pelo que "podia ter sido mas não foi". Na maturidade existe um cotejo inevitável dos ideais e fantasias da juventude com a realidade. Desse confronto originam-se inúmeras "quebras narcísicas" (Kohut). A capacidade de se lidar com elas define a qualidade psicológica com que se vai viver a terceira idade. O *eu ideal* do idoso é sua própria imagem na juventude, ou do que gostaria de ter sido (forte, bonito e empreendedor). O *eu ideal* do velho, em contraposição ao do jovem que se projeta para o futuro, está no passado, o que o induz ao saudosismo. O velho imaturo (ranzinza) critica o presente e valoriza o passado: "No meu tempo tudo era melhor". A maturidade é a superação do passado, a aceitação do presente e a renúncia ao futuro. Na velhice o futuro é o presente. A maturidade implica, portanto, a renúncia a muitas coisas e a rendição a outras tantas. Significa, por exemplo, renúncia à juventude e à beleza e rendição às limitações, à doença e, finalmente, à morte. O velho maduro tem consciência da transitoriedade da vida, aceita e convive com a proximidade da morte.

A criança nasce com uma *essência* energética que vai sendo envolvida progressivamente por diferentes camadas de influências sociopsicológicas, a *personalidade*. Este desenvolvimento obedece, portanto, a um movimento centrífugo, de dentro (essência), para fora (personalidade). Na maturidade, inicia-se um processo inverso, um retorno à essência, em um movimento centrípeto de interiorização. Trata-se do trajeto do *eu superficial* para o *eu real*, *verdadeiro*, ou *profundo* (*self*). De forma que assim se fecha o círculo: primeiro, de dentro para fora; depois, de fora para dentro. Quando Freud fala dos instintos de vida e de morte, minha interpretação é que ele se refere a três forças do ser humano e não a duas: construção, destruição e transcendência. A terceira força representa o impulso do homem na busca da paz interior, do sagrado, do místico, do *re-ligare* com Deus. O instinto de morte de Freud, neste entendimento, inclui as forças de destruição e de transcendência. A busca da transcendência corre pelos caminhos da essência.

Qual seria o enfoque relacional-psicodramático da maturidade? O bebê cresce a partir de interações com a rede relacional que o envolve, a matriz de identidade. Através dela realiza o *reconhecimento do eu*. Neste, aprende as pautas emocionais da *relação-separação* e internaliza o *conceito autovalorativo* de si mesmo. Chega *ao reconhecimento do tu* e logo depois atinge a capacidade de *inversão de papéis*. A plena capacidade para inverter papéis significa a possibilidade de estabelecer relações télicas com liberação de espontaneidade-criatividade. Significa também uma maior possibilidade de encontro, símbolo filosófico de um momento relacional maior. Segundo esse ponto de vista, maduro seria aquele que consegue internalizar uma rede relacional suficientemente boa (Winnnicott: "mãe suficientemente boa") em sua matriz de identidade, propiciando a si mesmo fluência e segurança relacional na vida adulta. A criança não internaliza somente pessoas (mãe boa, mãe má etc.) mas, sobretudo, relações e conjuntos relacionais. Um bebê de dois anos, por exemplo, quando perguntado sobre alguém, freqüentemente refere-se à pessoa e aos outros elementos (pessoas e animais) que compõem aquele conjunto relacional. A capacidade de estar só do adulto tem a ver diretamente com a sociometria interna advinda dos conjuntos relacionais primários da matriz de identidade. Uma pessoa, mesmo aparentemente "só" socialmente, pode estar bem acompanhada internamente. Por decorrência, apresenta também melhores condições para enfrentar separações e perdas. A capacidade de estar só, de superar separações e de estabelecer relações fluentes e espontâneas são características da maturidade.

A idéia do homem maduro nos remete à imagem mitológica do velho sábio. Mas devemos lembrar que os velhos de antigamente, com os avanços da medicina preventiva e curativa e o conseqüente aumento da duração do tempo médio de vida, passaram a ser os nossos atuais homens de "meia-idade". Por exemplo, d. Pedro II, aquele "velho" de barbas longas de que todos recordamos dos livros de história, faleceu aos 66 anos de idade. Elisabeth Sene Costa assinala que, para fins estatísticos, a Organização Mundial de Saúde define o início da terceira idade aos 65 anos. Para os valores atuais, d. Pedro II, quando morreu, recém-entrara na velhice. De qualquer forma, a imagem de sabedoria é associada aos velhos que conseguem driblar a estagnação, a depressão e a rabugice. Pelo que já foi visto, a sabedoria implica uma aceitação bem-humorada das limitações físicas e intelectuais da idade. Sabedoria é mais que conhecimento, ela vai além da esfera cognitivo-intelectual, embora a inclua. Encontramos velhos cultos que necessariamente não são sábios. Sabedoria significa viver com espontaneidade e criatividade, continuar criando. O leitor, a esta altura, deve estar dando tratos à bola para lembrar-se de algum velho sábio, de carne e osso, e não de referência jornalística ou literária. E tem razão, pois a sabedoria parece ser para poucos, e raros.

Desconheço livros sobre psicodrama aplicado à terceira idade, o *gerontodrama*, termo cunhado pela autora. Elisabeth Sene Costa é pioneira, e este livro passa a ser referência obrigatória para futuros trabalhos. A comunidade psicodramática sente-se orgulhosa: mais um livro brasileiro de psicodrama!

José Fonseca

Introdução

Voar com os pássaros tem sido o sonho do homem. Voar, se não com asas próprias, pelo menos com outras mecânicas, o avião, e assemelhar-se a um deus, se não de um modo real, ao menos no teatro, talvez sejam estes os dois sonhos mais antigos do homem. Talvez tenham uma origem comum.

Jacob Levy Moreno

Estamos em plena "Era do Envelhecimento", período que vai de 1975 a 2025, segundo a Organização das Nações Unidas. Em 1982, a ONU promoveu em Viena (Áustria) uma reunião de representantes de diversos países denominada "Assembléia Mundial sobre o Envelhecimento" com o intuito de estudar, discutir, conhecer e estabelecer critérios sobre vários aspectos ligados ao tema, em todo o universo.

Por volta de 1978, eu já era médica assistente do Departamento de Psiquiatria do Hospital do Servidor Público Estadual "Francisco Morato de Oliveira", em São Paulo, e, embora ignorando totalmente a informação acima, comecei a me interessar pela questão do envelhecimento.

Sempre tive um vínculo forte com pessoas idosas, a começar pelos meus pais. Quando nasci, meu pai tinha 40 anos e minha mãe, 39. Convivi com eles, ora como se fossem meus pais, ora como se fossem meus avós, em função da diferença de idade existente entre nós e das atitudes que muitas vezes tinham comigo. Quando se aposentaram (embora tenham continuado a levar uma vida bastante ativa, em trabalhos não remunerados, mas dispendiosos), eu estava na adolescência. Olhando hoje para aqueles dias posso dizer, com certeza, que a convivência com eles foi extremamente prazerosa, enriquecedora, plena de amor e carinho.

Um dia, estava eu comentando com minha mãe a respeito da coincidência (ou não) de estarem me encaminhando, para atendimento ambulatorial, muitos pacientes idosos, quando ela, espontaneamente, me disse: "Filha, por que você não faz alguma coisa a mais para esses idosos? Em geral, a velhice é uma idade tão esquecida..." (ela já sabia que eu estava começando a trabalhar com grupos psicoterápicos de adultos e, certamente, pretendia lançar-me uma semente que me fizesse pensar sobre o assunto). Realmente aquela frase me fez refletir muito sobre a situação marginal dos velhos, mas, naquela ocasião, faltava-me coragem suficiente para encarar um trabalho psicoterápico com pessoas da terceira idade.

Após um certo tempo da conversa com minha mãe, novamente por coincidência (ou não), alguns pacientes idosos começaram a questionar-me do porquê da não-existência de "terapia" para eles. (Sabia-se que no Departamento de Psiquiatria existia psicoterapia para todas as faixas de idade, exceto para os idosos.) Era-me difícil dar uma resposta objetiva para eles, mesmo porque nem eu mesma tinha clareza a respeito. No entanto, cada vez mais, dava-me conta do quanto me gratificava estar com eles, do quanto crescia em mim a vontade de poder auxiliá-los a se verem mais intimamente (permitindo-se desvendar seus mistérios inconscientes), serem mais livres e espontâneos, aprenderem (ou aceitarem) a conviver com o próprio envelhecimento, respeitarem a si mesmos como cidadãos (assim como se fazerem respeitar pelos mais jovens) e relacionar-se com eles mesmos de maneira mais harmoniosa e menos conflituosa. E o que mais fosse possível, no sentido de transformar positivamente os anos seguintes das suas vidas.

Encantava-me também a idéia de ser pioneira naquele tipo de trabalho. Entretanto, tive ainda de passar alguns anos elaborando meus próprios medos e preconceitos. O mais forte deles, possivelmente, era de ter de dar mão à palmatória para aqueles colegas que insistiam em me convencer de que eu perdia tempo em realizar psicoterapia para pessoas acima de 50 anos. Muitos chegaram a me dizer: "Ih, esses velhos (tratando-os de modo pejorativo) já estão mais do que estruturados, não se transformam mais... é bobagem todo o seu esforço... esqueça... você parece louca... ou boba...". E por aí caminhavam as diversas opiniões...

O primeiro grupo que montei teve início em março de 1981. Alguns meses antes, tive de definir, para mim mesma, os critérios para o encaminhamento de pacientes. Um deles era o relacionado com a idade. Tomei como ponto de referência, arbitrariamente, aquela acima de 55 anos. Um colega que queria me encaminhar uma paciente de 50 anos questionou-me a respeito daquele limite, talvez um tanto rigoroso. Por não haver da minha parte nenhuma austeridade nesse critério, resolvi, a partir daí, dar ainda maior flexibilidade à entrada de pacientes com idade inferior aos 55 anos. Posteriormente, na entrevista a que todos se submeteriam, eu definiria o encaminhamento da pessoa: se para o próprio grupo de idosos (como eu assim o denominava naquela ocasião), ou se para um grupo com pacientes mais jovens (discutirei essas questões em outro momento).

16

Na montagem do segundo grupo (cujas sessões tiveram início em março de 1983), resolvi colocar no quadro de avisos, na sala de café, onde todos os profissionais do Departamento tinham acesso, o seguinte comunicado:

PSICODRAMA COM IDOSOS

Estamos aceitando encaminhamento
de pacientes acima dos 50 anos

Um dos colegas, identificado de imediato, se sentiu ostensivamente ofendido pela referência aos 50 anos e deixou escrita no comunicado uma palavra obscena, abreviada (mas facilmente decodificada), dirigida à minha pessoa. Eu não tinha nenhuma intenção de magoá-lo, mas para ele a alusão àquela idade representava, provavelmente, uma afronta.

Um terceiro colega, considerado eminente psiquiatra, escreveu naquele mesmo comunicado, com letras garrafais, logo abaixo do título: "PRA QUÊ?? *À LA RECHERCHE*...??". Essa crítica significava que eu estava realizando algo inútil, lamentável e quiçá imperdoável? Será que a situação ali, ainda que implicasse dúvida, possibilitava outro caminho que não fosse o do especulativo e empírico?

Felizmente, naquela ocasião eu já me sentia mais amadurecida e mais preparada para receber críticas e, portanto, os pareceres contrários, e mesmo desestimulantes, não foram suficientes para me demover da idéia de levar adiante aquela proposta.

O envelhecer e o estado-de-ser-velho, até hoje, embora em menor proporção, ainda é um tema muito difícil de ser encarado. É quase como se fosse uma praga, uma doença, um mal, seja para aqueles que são jovens, para aqueles que estão começando a envelhecer, ou mesmo para os que já se encontram na própria senescência.

É difícil para a maioria das pessoas aceitar o seu próprio envelhecimento. E, para muita gente, felizmente, ter 50 anos é ainda ser e estar jovem. Por isso, hoje, entendo com maior nitidez a surpresa (e, com certeza, a revolta) dos colegas mais velhos à referência dos 50 anos relacionada com idade "idosa", como mostrava o cartaz. (No Capítulo 2 discutirei com pormenores as questões ligadas à noção de idade.)

O crescimento demográfico da população idosa é um dos motivos pelos quais o ser humano, independentemente de sua idade, deveria prestar mais atenção e se mostrar mais empenhado pela causa do envelhecimento. Para se ter uma pequena idéia dos números, transcrevo abaixo alguns dados adaptados de Cançado (42) e Corrêa (58),* ressaltando que a população geriátrica, citada nos gráficos, está relacionada com a idade acima de 65 anos:

POPULAÇÃO	1960	2000	2100
MUNDIAL	3.000.000.000	≅ 6.100.000.000	≅ 10.500.000.000

POPULAÇÃO IDOSA NO MUNDO	1950	1975	2000	2025
	214.000.000	350.000.000	≅ 600.000.000	≅ 1.100.000.000

CRESCIMENTO POPULACIONAL DO MUNDO	PERÍODO DE 1970 A 2000 (Projeção)	Nações desenvolvidas	21%
		Nações em desenvolvimento	88%

CRESCIMENTO DA POPULAÇÃO GERIÁTRICA NO MUNDO	PERÍODO DE 1970 A 2000 (Projeção)	Nações desenvolvidas	54%
		Nações em desenvolvimento	123%

CRESCIMENTO DA POPULAÇÃO MUNDIAL (EM 60 ANOS)	total	crescimento	2,5 vezes
	> 65 anos	crescimento	quase 4 vezes
	> 80 anos	crescimento	pouco mais de 5 vezes

CRESCIMENTO DA POPULAÇÃO BRASILEIRA (EM 60 ANOS)	total	crescimento	3,22 vezes
	> 65 anos	crescimento	8,9 vezes
	> 80 anos	crescimento	15,6 vezes

POPULAÇÃO IDOSA BRASILEIRA	1950	1975	2000	2025
	2 milhões	6 milhões	≅ 14 milhões	32 milhões

---

* As referências bibliográficas do texto foram substituídas por remissivas à bibliografia, da seguinte forma: entre parênteses, na mesma linha e no mesmo corpo do texto, aparece o número que cada referência recebeu na bibliografia, seguido de vírgula e, não necessariamente, do número da página.

	ANO	PAÍS	POSIÇÃO
	1950	BRASIL	16º
CLASSIFICAÇÃO DA POPULAÇÃO GERIÁTRICA NO MUNDO	2025 (projeção)	China	1º
		Índia	2º
		CEI (antiga Rússia)	3º
		EUA	4º
		Japão	5º
		BRASIL	6º
		Indonésia	7º
		Paquistão	8º
		México	9º
		Bangladesh	10º
		Nigéria	11º

POPULAÇÃO GERIÁTRICA DOS EUA	ANO	POPULAÇÃO	PORCENTAGEM
	1991	≅ 30 milhões	12%
	2020	≅ 51 milhões	15%

No decorrer dos séculos, o indivíduo idoso tem sido em geral esquecido, abandonado, estigmatizado. A sociedade (principalmente a tecnológica) não o vê e não o aceita como alguém producente; a família, muitas vezes, o rejeita; os mais novos se cansam da nostalgia que as suas palavras transmitem...

Brink (30) comenta mesmo que grande parte das revistas americanas que tratam do envelhecimento o fazem de forma nostálgica. É como se dessa fase da vida só se pudesse mesmo ter esse tipo de sentimento... (Se existe uma angústia e uma nostalgia por parte do próprio idoso, provavelmente suas causas estão ligadas não somente ao comprometimento biológico que, inevitavelmente — em vários casos — se faz presente, como também aos maus-tratos, à falta de respeito, à postura preconceituosa dos demais que tendem a arremessá-lo à margem da sociedade, a ponto de qualificá-lo de um quase "fora-da-lei".)

Os filósofos pré-socráticos já falavam da velhice. Um deles, Demócrito de Abdera, chegou a dizer: "Velhice é mutilação total: tudo tem e de tudo é carente" (1, p. 353). Mais uma opinião, a meu ver, distorcida, um julgamento rigoroso, uma visão unilateral.

No filme *The whales of August*, a atriz Bette Davis faz o papel de uma velha ranzinza e mal-humorada que reside com uma irmã, também idosa, numa casa de praia, em frente ao mar. Quando a irmã sugere a Betty trocar as duas janelas da sala por uma maior, mais ampla, que proporcionaria um panorama mais belo do mar, esta lhe responde: "Somos velhas demais para fazermos coisas novas". (Felizmente, no final do filme, Bette concorda em trocar as janelas, o que reafirma que o novo também pode ser conquista do velho, desde que ele se proponha a isso.)

O Japão, que durante anos tem levado o estandarte de respeitar e cuidar bem dos indivíduos com mais idade (inclusive, existe lá um feriado nacional denominado "Dia do Idoso"), criou em 1985, por meio do Ministério da Saúde e Aposentadorias, um termo para designar a vida após os 50 anos: *"Jitsunen"*, que quer dizer "idade da fruição". Parece utópico e fantástico demais que, após meio século de vida, as pessoas possam finalmente usufruir daquilo que construíram, desfrutar do bemestar, gozar a vida de forma mais plena, de modo mais harmônico. Ainda mais quando adentram em uma etapa vital que pode culminar em conflitos diversos ligados aos seus variados papéis.

Se tantas vezes o velho é visto por ele mesmo e pelos outros como atrasado, nostálgico, maçante e de muitas outras maneiras negativas; se tantas vezes ele não tem (ou não se dá) nem mesmo o direito de "ser" como pessoa, de que forma então admitir que ele possa se submeter à psicoterapia?

Comumente ouve-se dizer, entre os psiquiatras, que o aparelho psíquico do idoso está de tal modo estruturado, sedimentado, que qualquer intervenção psicoterapêutica seria sumamente estéril, ou então, despenderia muito esforço para pouco resultado. Freud (89), em 1904, enfatizava que as pessoas próximas aos cinqüenta anos (que ele chamava de velhos) "não são mais educáveis", isto é, não poderiam submeter-se ao tratamento analítico por duas razões básicas:

a) a análise se tornaria excessivamente extensa em razão da quantidade de material histórico;
b) os processos psíquicos do indivíduo não teriam plasticidade suficiente para promover mudanças internas e verdadeiras.

Karl Abraham, entretanto, em 1927 tratou de vários pacientes com mais de cinqüenta anos conseguindo bons resultados, o que o fez concluir que "o prognóstico devia ser contingente à idade da neurose, e não à do paciente" (30, p. 61).

Dois terços dos pacientes de Jung (30, p. 70) tinham mais de 35 anos (o que para ele representava estarem na segunda metade da vida) e, na sua opinião, passíveis de análise e mudança.

Quando se é criança ou adolescente, gosta-se de fazer coisas que a idade mais avançada muitas vezes censura ou adverte. Quantas pessoas não têm uma ou mais histórias para contar daquele período em que irresponsabilidades, condutas inadequadas, mentiras, atitudes volúveis as acompanharam? E quantos hoje, na velhice, não vêem com certa repreensão e crítica aqueles atos passados?

A aquisição e instrumentalização da maturidade psicológica através da estruturação da personalidade, o comportamento mais adequado regido por normas (nem sempre imutáveis), certa complacência diante das pessoas e da vida e tantas outras modificações que, em geral, costumam ocorrer naturalmente no processo de envelhecimento, não representam, necessariamente, inviabilidade à descoberta de si mesmo. Mediante o tratamento psicoterápico, o idoso pode, entre outros aspectos, ter acesso a um possível entendimento das características de sua personalidade, das razões que o fazem agir e reagir de um modo ou de outro (diante de determinado estímulo), assim como pode adquirir um aprendizado novo que facilite suas ações no dia-a-dia, que auxilie a emancipação de suas atitudes, a resolução de pelo menos alguns daqueles conflitos que costumam angustiá-lo.

É pensando e acreditando nesses fatores que venho me dedicando há mais de quinze anos a trabalhar com a terceira idade. Na época em que dei início aos grupos de "idosos", eu estava fazendo a minha formação em Psicodrama e achei interessante utilizar esta via como instrumento. Embora principiante no manejo das técnicas psicodramáticas, fui podendo observar que os recursos do Psicodrama eram (e são) extremamente valiosos e enriquecedores. Em razão dessa descoberta, resolvi dar uma denominação particular a esse tipo de abordagem: *Gerontodrama* (inicialmente essa conotação era válida somente para o Psicodrama em grupo; hoje eu a utilizo também para o bipessoal e para psicodrama de casal).

Um outro pedaço da minha história, que convém mencionar, é que este trabalho começou a ser escrito no final de 1989, por ocasião do meu desejo de obter o título de professora-supervisora pela Federação Brasileira de Psicodrama. Apresentei-o na Sociedade de Psicodrama de São Paulo, onde havia feito minha formação, em 1992, conseguindo da banca examinadora a aprovação e da Febrap, o título tão almejado. Muitas pessoas me estimularam a publicá-lo, mas, à medida que os anos foram passando, o "trabalho-livro" foi envelhecendo em alguns aspectos e não tinha mais condições de ser o mesmo; houve necessidade de reformulações, o que demandou mais um ano até a sua publicação.

Por último, acho ainda importante ressaltar, em face de algumas confusões havidas, que não sou geriatra. Minha formação básica é Medicina, porém minha especialidade clínica é a Psiquiatria. Dentro desse ramo posso dizer que sou psiquiatra de adultos jovens e gerontopsiquiatra (ou psicogeriatra, para outros), já que um dos meus interesses é o estudo, o diagnóstico e o tratamento das pessoas idosas. Sou também psicoterapeuta com formação em Psicodrama e, como criei o Geronto-

21

drama (que seria uma subespecialidade do Psicodrama), sou uma gerontodramatista. Portanto, no meu consultório, atendo tanto pacientes interessados em psicoterapia como também aqueles que necessitam de tratamento psiquiátrico, a partir dos 18 anos.

Influenciada, portanto, pela minha formação médica, achei por bem, antes de abordar os aspectos ligados ao Gerontodrama, introduzir uma seção clínica sobre a questão do envelhecimento.

1

Conceito etimológico e significados da palavra "velho" e similares

Que desgraça é não enxergarem a velhice os seres
fracos e ignorantes, ébrios do orgulho da juventude!...
Buda (citado por Simone de Beauvoir)

Em geral, a origem das palavras "velho" e "velhice" (e de todas as demais que têm uma conotação similar) não é comentada nos trabalhos e livros que tive acesso, ligados à área.

Por outro lado, grande parte das vezes as acepções dos vocábulos análogos mostraram uma variedade complexa e arbitrária entre os autores.

Para citar a origem daquelas palavras ligadas ao envelhecimento, utilizarei como recurso, fundamentalmente, os conceitos etimológicos do *Dicionário da Língua Portuguesa* de Aurélio B. H. Ferreira (79):

1. **Velho** é originada do latim *vetulu*, através de uma forma hipotética *vetlu*, pronunciada *veclu*.

Como *adjetivo* quer dizer:
   a) Muito idoso.
   b) De época remota; antigo.
   c) Que tem muito tempo de existência.
   d) Gasto pelo uso; usadíssimo.
   e) Que há muito possui certa qualidade ou exerce certa profissão.
   f) Desusado, antiquado, obsoleto.
   g) Empregado ou usado há muito.

Como *substantivo* significa:
   a) Homem idoso.
   b) Pai, papai (familiar).

O substantivo **velhice**[1] tem as seguintes conotações:
a) Estado ou condição de velho.
b) Idade avançada.
c) Por ext. Antiguidade, vetustez.
d) As pessoas velhas.
e) Rabugice ou disparate próprio de velho.

A palavra **velhote** como *adjetivo* conota:
a) Diz-se do homem já um tanto velho; velhusco; velhustro.

E como *substantivo*:
a) Homem velhote; velhinho; velhusco; velhustro.
b) Velho alegre, folgazão.

2. **Senil** (adj.): origina-se do latim *senile* que expressa:
a) Da velhice, ou relativo a ela ou aos velhos: idade senil.
b) Próprio da velhice, da senilidade: delírio senil.
c) Muito velho; decrépito: aspecto senil.

O substantivo **senilidade** quer dizer:
a) Qualidade ou estado de senil; decrepitude.
b) Idade senil.
c) Fraqueza intelectual resultante da velhice[2].

3. **Idoso** (adj.): por haplologia (ou redução) da palavra "idadoso", que significa "que tem bastante idade; velho".

4. **Geronto**: equivalente de *geron* (do grego *géron, ontos*), cujo elemento de composição é "velho".

5. **Ancião** (adj.): origem do francês antigo *ancien*[3] cujos sentidos são:
a) Diz-se de pessoa de idade provecta; velho, idoso.
b) Antigo; velho.
c) Homem muito velho e respeitável.
d) Presbítero.

---

1. Segundo o *Dicionário da Língua Portuguesa — Larousse Cultural*, o termo também representa:
a) Último período da vida normal, caracterizado pelo enfraquecimento das funções vitais.
b) Estado de redução das forças físicas e das faculdades mentais que acompanha habitualmente esse período.
c) O conjunto dos velhos.
2. Ou, como diz o *Dicionário Larousse Cultural*, "diminuição das faculdades físicas e sobretudo psíquicas, originada ou determinada pela velhice".
3. Também se diz que a palavra é originada do latim *antianu* segundo o *Dicionário Prático Ilustrado — Tomo I do Novo Dicionário Luso-Brasileiro*.

Os substantivos **ancianidade** e **anciania** exprimem:
a) Qualidade ou estado de ancião.
b) Antiguidade.

6. **Senescente** (adj.): vem do latim *senescente* e representa "que está envelhecendo".

O substantivo **senescência**, também originado do latim (*senescentia*), denota: "qualidade ou estado de senescente". Outro substantivo comumente utilizado é o denominado **senectude** (do latim *senectute*) empregado como sinônimo de "decrepitude, senilidade, velhice; senescência".

7. **Decrépito** (adj.): é originado da palavra latina *decrepitu* cuja significação é a seguinte:
a) Muito idoso ou gasto; caduco: indivíduo decrépito.
b) Por ext. Diz-se de animal velhíssimo e fraco, e também de coisa muito usada e em ruína.

O substantivo **decrepitude** representa "estado ou condição de decrépito; velhice extrema; caducidade; decrepidez".

Todas essas palavras, segundo os significados mencionados, numa visão mais simplista, poderiam ser consideradas sinônimas. No entanto, há pequenas diferenças entre si que se fazem evidentes em alguns casos e, em outros, implicam arbitrariedade e confusão.

Essa variabilidade de expressões também se apresenta no círculo dos diversos autores consultados, dos quais citarei alguns.

Bogomolets (26) fala igualmente de "velhice", "envelhecimento" e "senectude".

Capisano (43) utiliza sempre "senescência" e "envelhecimento" para denominar a velhice como processo vital normal. Em seu texto, chama a atenção o emprego constante do vocábulo "geronto", pouco utilizado em outros trabalhos.

Jaspers (106) vale-se da terminologia "senectude" e "senilidade anormal" para descrever a velhice com manifestações psicopatológicas.

Solomon (175) emprega por diversas vezes o termo "senilidade" para o envelhecimento considerado normal, isto é, em que não há doença propriamente dita.

O termo "envelhecimento" é utilizado por Salgado (158) para designar o processo vital normal e "senescência" como uma fase mais adiantada da velhice, caracterizada por modificações deficitárias no idoso.

Não há diferença de significado entre "velhice", "idade senil", "senectude" e "ancianidade" para Alonso-Fernandez (5). Todos fazem menção ao envelhecimento considerado fisiológico, normal.

Sonenreich et al. (178) falam da velhice como um momento natural da vida, e para o adoecer psíquico do velho utilizam o fonema "senilidade".

Nobre de Melo (138) elucida claramente: "senescência" é envelhecimento normal e "senilidade" é velhice patológica. Em relação à palavra "velho" menciona que há uma tendência geral, inclusive jurídica, em somente utilizar esse termo para aqueles com mais de 70 anos e "muito velho ou ancião" para os que ultrapassem os 80 anos. As terminologias "senescência" e "senilidade" também são empregadas por Henri Ey et al. (77) com as mesmas significações que as do autor acima.

Kaplan e Sadock (108) colocam como sinônimas as palavras "maturidade" e "velhice" e denominam "senescência" o processo de envelhecimento.

O DSM-III-R — Diagnostic and Statistical Manual of Mental Disorders — (182), muito usado pelos psiquiatras em geral, aplica os termos "pré-senilidade" e "senilidade" para os transtornos mentais orgânicos (demências) que surgem antes e após os 65 anos de idade.

O CID-10 — Classificação de Transtornos Mentais e de Comportamento — (51), outro manual também bastante consultado pelos psiquiatras, fala de passagem na quinta década da vida, denominando-a de "meia-idade" ou "velhice". Utiliza as palavras "início pré-senil" e "início senil" quando se refere aos casos de Demência de Alzheimer.

Desde o início dos meus estudos sobre o envelhecimento, venho notando os diferentes empregos para os diversos vocábulos ligados ao tema e à figura da pessoa envelhecida (e, diga-se de passagem, o referido acima é apenas uma pequena amostragem). Passei então a sentir necessidade de tentar definir, fundamentalmente para mim mesma, esse campo terminológico, um tanto quanto controvertido, e comecei a aplicar as palavras de uma forma mais constante, que achei por bem transcrever neste trabalho:

a) Envelhecimento é para diversos autores, com os quais concordo, um processo evolutivo, um ato contínuo, isto é, sem interrupção, que acontece a partir do nascimento do indivíduo até o momento de sua morte. Envelhecer é a marcha natural pela qual todo ser humano obrigatoriamente passa; é o processo constante de transformação. Uma pessoa poderá vir a falecer com 5, 18, 40 anos e, mesmo assim, terá "envelhecido" durante os anos em que viveu.

b) Já velhice é o estado de ser velho; é o *output* vital, o produto do envelhecimento, o resultado do processo de envelhecer. Embora a terminologia "velhice" seja geralmente utilizada para as pessoas velhas, tem de se levar em conta que essa designação é bastante complexa. Para uma criança de 10 anos, seu pai de 35 anos é "velho". Uma senhora de 62 anos pode fazer o seguinte comentário, quando vem a saber do falecimento de um conhecido com 70 anos: "Nossa, ele faleceu ainda moço...". (Maiores detalhes serão discutidos no próximo capítulo.)

c) Para diferenciar a velhice considerada normal da velhice patológica, lanço mão da terminologia empregada por alguns autores, que a denominam, respectivamente, "senescência" e "senilidade".

d) O termo "senectude" é pouco empregado, porém considero-o muito mais sinônimo de "senescência", isto é, de velhice *normal*, do que sinônimo de "senilidade".

e) Não faço distinção alguma entre os termos "velho", "idoso" e "geronto" para designar as pessoas que apresentam características de estar na chamada terceira idade (ou "maior idade"), independentemente da sua saúde física e/ou mental. (Para maiores esclarecimentos sobre a denominação "terceira idade", consultar o próximo capítulo.)

f) Utilizo o fonema "ancião" para nomear o idoso "muito idoso", isto é, cronologicamente com idade ao redor ou acima dos 90 anos, independentemente da sua saúde física ou mental. "Ancianidade", por sua vez, embora extremamente incomum no uso, representaria o estado patológico (físico e/ou mental) do ancião.

g) As palavras "decrépito" e "senil" são aplicadas (embora raramente) para aqueles idosos que apresentam algum transtorno psicopatológico.

h) Discordo frontalmente da definição do *Dicionário Larousse-Cultural* quando fala que a velhice é o "período (...) caracterizado pelo enfraquecimento das funções vitais", ou "estado de redução das forças físicas e das faculdades mentais".

Tais conceitos merecem uma discussão.

Velhice não deve ser considerada sinônimo de feiúra, caduquice, incapacidade, enfraquecimento ou mesmo doença. Infelizmente, é assim que ela ainda é vista por muitos.

Lembro-me de um dia em que um paciente entrou na sala de grupo com uma expressão matreira no rosto e um sorriso um tanto irônico (que tentava disfarçar), dizendo: "Estou sofrendo de uma doença incurável!". As pessoas do grupo, que se ajeitavam para sentar-se, olharam surpresas para ele com ar de interrogação e medo, em silêncio. Imediatamente, então, ele arrematou: "Essa doença chama-se VELHICE ... e essa não tem cura MESMO!!!".

Anedota ou não, esta é uma das temáticas abordadas com certa freqüência nas sessões e que é sempre trabalhada de forma bastante ampla, pois dela emergem os preconceitos e medos — os seus e os do outro. Ramadan inicia um trabalho salientando: "Falar sobre a velhice é empreender um triste inventário de perdas e limitações" (150, p. 119). Para mim, triste é poder ou querer dirigir o olhar apenas para um lado — aquele que, provavelmente, chama mais a atenção. Entretanto, se pudermos alargar nosso campo de visão, veremos que em qualquer fase da vida deparamos com os opostos: perda e ganho, saúde e doença, alegria e tristeza etc. (mesmo que tais aspectos aconteçam em menor proporção, para muitos, antes da terceira idade).

Aqueles que não sabem envelhecer porque têm medo ou preconceito do seu próprio envelhecimento (portanto, não suportam as modificações naturais que vão lhe ocorrendo na passagem do tempo), que ridicularizam os que estão envelhecendo, que só tecem críticas aos mais velhos, provavelmente vêem a velhice dessa forma pejorativa e incapacitante. Eles ainda não acordaram para um novo tempo — o chamado "triunfo da sobrevivência", termo utilizado por Robert N. Butler (citado por Kaplan e Sadock), que assim denomina o fenômeno ocorrido na população idosa: é o grupo etário que mais cresce e que vive cada vez mais tempo.

É um mito dizer que a velhice está sempre associada a uma deficiência física e/ou mental. Muito pelo contrário, hoje sabe-se que a maior parte dos idosos encontra-se em condições saudáveis tanto no aspecto orgânico quanto no psíquico. Estamos muito longe dos anos 2800-2700 a. C., ocasião em que, no Egito, como conta Garcez Leme (114), os hieróglifos que designavam "velho" e "velhice" vinham acompanhados de um ideograma representando uma pessoa deitada com fraqueza muscular e comprometimento ósseo.

O emprego das palavras "velho", "velhice", "idoso" (e outras da mesma natureza) não deve conter em si um significado negativo; ao contrário, ao usarmos tais termos devemos fazê-lo de maneira espontânea, desprendida, natural.

Assim como os vocábulos "jovem, moço, rapaz etc." são utilizados como sinônimos para designar o indivíduo de pouca idade (em geral, abaixo dos 25 anos), por que não empregar normalmente as palavras sinonímicas concernentes à terceira fase da vida?

Indubitavelmente a palavra "velho" na boca de um filho tem, pelo menos, dois sentidos extremos (a título de exemplo): um é o que contém uma acepção ofensiva; outro é aquele que vem imbuído de uma conotação afetuosa, mais íntima. Há uma diferença entre um filho que diz, agressivamente, ao seu pai: "Seu velho desgraçado, gagá, imbecil!" e outro que assim se expressa: "Oi, velho, tudo bem?". Em ambos os casos, o filho está logicamente evidenciando a diferença de idade que existe entre eles (afinal de contas, se ele é seu pai, só pode ser mais velho!). Um demonstra essa diferença de forma maldosa, querendo dizer que "ser velho" é ser desprezível, doente, ignorante, portanto, ter defeitos. No outro caso, "o ser velho" é encarado pelo filho como o pai que ele ama, respeita, e a quem carinhosamente denomina ou apelida de "velho" (ou ainda, para alguns, "coroa").

Creio ser muito importante que não exerçamos o mesmo papel que muitos membros da sociedade exercitam: aquele que preconcebe, predestina e estabelece julgamentos. Afinal, como dizia minha mãe: "Pra lá nós vamos..." e, com certeza, será melhor viver num tempo em que os velhos venham a ser mais aceitos e respeitados, por eles mesmos e pelos outros.

2

O envelhecimento e seus conceitos

O que é terceira idade?

*Assim como estimo um adolescente no qual
se encontra algo de um velho, assim aprecio um
ancião no qual se encontra alguma coisa de um
adolescente; aquele que seguir esta regra, poderá
ser velho de corpo, não o será jamais da alma.*

Marco Túlio Cícero

O universo conceitual da velhice dá margem a amplo debate e, por isso mesmo, é difícil de ser categorizado. Todavia, na tentativa de dar início a um processo de conhecimento e informação, resolvi salientar aqui três critérios básicos: cronológico, biológico e pessoal.
Antes, quero ressaltar dois aspectos essenciais:

1. A referência a esses três princípios não esgota de maneira alguma a classificação com respeito às conceituações. Só para exemplificar, um dos autores consultados, Gonzalo Ramírez, enfatiza que em uma mesma pessoa podem existir várias idades: "a psicológica (idade do espírito), a mental (idade do critério e do entendimento), a social (idade imposta pela comunidade), a cultural (idade dos conhecimentos) e a econômica (idade dos recursos para satisfazer necessidades)" (152, p. 42). Outro exemplo que pode ser mencionado é o de Alex Comfort (55), que fala em "idade sociogênica" ligada ao conceito de "envelhecimento sociogênico", definido no próximo capítulo. Jacob Levy Moreno (133), o criador do Psicodrama, fala em "idade cultural", que pode ser avaliada pelo teste de medição de papéis e que é representada pela diversidade de papéis que cada indivíduo assume segundo a influência que recebe de determinada cultura. Expressa-se ainda a respeito do que ele chamou de "quociente cultural", que seria a relação entre as idades cronológica e cultural.

2. Embora essas concepções mereçam uma discussão mais ampla, ela não será levada adiante em razão da própria complexidade temática, que demandaria um outro trabalho.

Prefiro, neste momento, dar início à descrição dos três conceitos particularmente destacados por mim. São eles:

Conceito Cronológico

É o mais simples de definição. Todos nós, dentro da nossa cultura, nascemos em determinado dia, mês e ano, e isso nos fornece uma idade real, tomando por base a comparação (subtração) da data de nascimento com a data atual. Portanto, a idade cronológica é aquela que consta a partir da nossa certidão de nascimento e que não pode ser negada (presumindo-se a veracidade dos dados constantes nessa certidão).

Mesmo que alguém resolva falsificar a sua própria identidade (ou algum pai a do seu filho) para fins escolares, eleitorais ou profissionais (são comuns os casos citados no Norte e Nordeste do país), o indivíduo mesmo, se é ciente deste fato, terá conhecimento da sua idade real. O outro, ele poderá até iludir, mas não enganará a si próprio.

Para diversos autores, este é o conceito que menos importa na determinação da idade de um sujeito.

Conceito Biológico

A idade biológica é aquela que o nosso corpo biológico estabelece. Quantas vezes já ouvimos comentário semelhante: "Nossa, você já tem toda essa idade? Não aparenta!", ou então: "Como você está conservada; parece mais jovem!...".

Um indivíduo de 60 anos, apesar de perceber em si mesmo mudanças corporais, pode sentir-se fisicamente bem, movimentando seu corpo com agilidade (às vezes até igual ou melhor do que um jovem), aparentando menos idade biológica e cronológica.

Solomon, Nobre de Melo, Alonso-Fernandez e outros são unânimes em apontar que essas idades (cronológica e biológica) não caminham necessariamente juntas.

Um paciente de 70 anos conseguia, com esta idade, subir numa escada de madeira que o levava até o telhado da sua casa, com o intuito de consertá-lo, sem nenhuma dificuldade. Sua esposa (relatado por ele), que tem dez anos menos, não se sentia capaz de subir nem no primeiro degrau.

Outra paciente, quando contava 68 anos, costumava andar de bicicleta duas ou três vezes por semana nas redondezas da sua casa (depois que se aposentou). Um dia, sua neta adolescente resolveu acompanhá-la e, para surpresa da avó, a mocinha não conseguiu chegar até o final do percurso, cansando-se logo.

Poder-se-ia considerar esposa e neta biologicamente mais velhas? Ou marido e avó mais jovens organicamente? Tais questionamentos conduzem ao conceito de idade biológica: ela é decretada por uma série de fatores que serão citados no próximo capítulo, e que fundamentalmente variam de pessoa para pessoa.

Conceito Pessoal

Este é o conceito mais difícil de ser definido e não é mencionado entre os estudiosos, a não ser como uma breve nota *en passant*. Ele foi desenvolvido, basicamente, de observações feitas a partir da minha experiência pessoal.

É um critério sumamente individual, pois é ligado às vivências internas de cada um.

Até certo ponto, é comum as pessoas dizerem que, apesar dos seus 60, 70 anos, "sentem-se" mais novas, com "espírito" de jovem. Em outras ocasiões é o moço de 25 anos, 30 anos que diz "sentir-se" mais velho.

A idade pessoal é, portanto, aquela que a própria pessoa determina, que o seu "espírito" "sente", em que a sensação de "estar" com uma idade respectiva é mais forte do que qualquer ruga na face. Não existe, por conseguinte, a avaliação ou impressão do outro, isto é, nessa situação ela não é relevada. Somos nós que prescrevemos a nossa idade, segundo aquilo que sentimos interiormente.

É como se uma forte percepção de si mesmo imprimisse ao indivíduo uma informação sensitiva de ter vivido, até aquele momento de sua existência, menos ou mais tempo de sua vida cronológica, não obrigatoriamente em função de suas experiências, mas sim dessa particular e intensa impregnação sensorial, um entalhe em relevo marcado dentro dele, no âmago de seu ser.

Esse critério pode ser confundido com a chamada "idade psicológica", relacionada com a maturação psíquica. Há quem não aceite a colocação do "sentir-se com menos idade do que a real" por considerar que isso representaria uma falta de amadurecimento ou de não-aceitação da velhice, do que discordo frontalmente. Na prática, acho impossível alguém dizer que se sente com a mesma idade cronológica, biológica e psicológica em todo o decorrer de sua vida. E a ausência dessa confluência de critérios, a meu ver, não significa necessariamente imaturidade psicológica ou dificuldade em admitir seu estado idoso.

Outro dia, na TV, um cantor brasileiro muito famoso que estava completando 50 anos foi interrogado pelo repórter a respeito de sua idade, ao que ele respondeu mais ou menos assim: "É difícil dizer (sobre a idade) ...; na realidade 'sinto-me' (as aspas logicamente são minhas) com 35 anos, mas meu corpo mudou; não é o mesmo!...". Um outro exemplo tirado também da TV mostrou uma senhora de seus 70 anos dizendo ao interlocutor: "Quem é velha? Eu não sou!" (e a sua aparência física denotava bastante idade; mas provavelmente sua colocação queria sugerir que "interiormente" ela se sentia com bem menos idade do que a real).

A querida Cora Coralina, já com idade bastante avançada (mais de 90 anos) respondeu a um entrevistador: "Eu não me acho velha. Você me acha?" (deixando o repórter surpreso).

Por esses exemplos e tantos outros que poderiam ser citados, vê-se quanto o conceito pessoal ou propriamente a "sensação íntima de ser e estar" tem importância dentro da definição de velhice.

A chamada "terceira idade" é para alguns um aprisionamento, um espaço da vida em que qualquer ato fecundo é impossível. Para outros, é a conscientização de seu atual momento, que deve ser vivido com o mesmo amor e dedicação que vivenciou seus anos joviais. Para outras tantas pessoas, essa fase vital é complexa, ora vista de maneira preconceituosa, ora analisada como uma conquista, um mérito por ter podido atingi-la e, ainda, poder experienciar interesses.

Mas o que é essa tão falada "terceira idade"? Muitos teóricos consultados não empregam esta terminologia, preferindo mais o uso dos termos "senescência" e "velhice", como mostrarei adiante.

Rollestown, citado por Bogomolets, coloca: "Afirmar que a velhice começa aos 50 anos ou ainda aos 60 é provocar uma controvérsia sobre se este período não é senão o da idade madura" (26, p. 107).

Para Varda, citado por Charam (49), as manifestações do envelhecimento tenderiam a surgir mais precocemente nos países que estão em desenvolvimento do que naqueles que já são considerados desenvolvidos, do Primeiro Mundo.

Charam faz referência à Organização Mundial de Saúde, relatando que, para fins estatísticos, ela teria, arbitrariamente, escolhido os 65 anos como representativos do início da terceira idade. Em seguida, reproduz uma classificação daquela organização, datada de 1963, que assinala quatro estados cronológicos do envelhecimento:

"1) Pessoas de meia-idade (de 45 a 59 anos);
2) O idoso (de 60 a 74 anos);
3) O velho (75 anos e acima);
4) O muito velho (90 ou mais anos)". (49)

Solomon (175) enfatiza que, apesar de não se ter embasamento algum para o marco do início da velhice, este foi estabelecido aos 65 anos.

Nobre de Melo também fala desse "marco do envelhecimento normal" (138) confirmando o seu início aos 65 anos. Entretanto, pontua que o processo de envelhecimento já se inicia a partir da nossa fecundação (idéia também defendida por Alonso-Fernandez).

Capisano é categórico ao afirmar: "Não existem fronteiras que delimitam o início da senescência. Um homem aos quarenta anos pode sentir-se estagnado, deprimido, sem capacidade criativa, enquanto outro aos setenta anos procura tirar de si e do mundo em que vive novas perspectivas de desenvolvimento" (43, p. 15).

Gonzalo Ramírez discorre: "Há pessoas cronologicamente de 60 anos, biologicamente de 30 anos, psiquicamente de 40, mentalmente de 50, culturalmente de 20, e socialmente de 80" (152, p. 44).

(Eu não somente concordo com esta premissa, como a reforçaria enfatizando que essas idades são mutáveis conforme a herança biológica recebida [Ex.: "Ih, diz a mãe, ele — referindo-se a um dos filhos está ficando igualzinho ao pai!!".], influências psicossocioambientais e, conforme o momento, o aqui-e-agora que está sendo vivido pelo indivíduo.)

Para Alonso-Fernandez "o envelhecimento se acha inscrito em todas as idades da vida, a partir já da etapa fetal" (5, p. 856). Classifica a velhice em três fases distintas (modificadas de Stieglitz):

a) Maturidade tardia (dos 50 aos 65 anos);
b) Senectude (dos 65 aos 80 anos);
c) Grande idade (acima dos 80 anos).

A escola francesa (Henry Ey et al.) também considera arbitrário fixar limites, mas os autores apresentam uma classificação bastante objetiva, embora revelem que sua utilização é válida apenas como simples ponto de referência. Para eles a senescência é dividida em duas etapas:

1. Pré-senescência ou período de involução, que pode situar-se entre 45 e 65 anos.
2. Velhice propriamente dita, a partir dos 65 anos.

Stevenson, em 1977 (citado por Flórez Tascón e López-Ibor), criou os seguintes termos para designar o período após os 30 anos: "mediescência na fase I (30 anos), mediescência na fase II (50-70 anos)..." (80, p. 135), aplicando o termo "senescência" para as pessoas com mais de 70 anos, fase que considera ser a da sabedoria e da revisão da própria vida.

Moreno (128), apesar de não ter apresentado nenhum estudo mais aprofundado a respeito do envelhecimento, considerou que a noção de idade deveria ser posta de lado ou reconsiderada, porque cada ser humano se desenvolve diferentemente do outro (mental, social e afetivamente). Uma pessoa, diz ele, pode amadurecer normalmente no plano mental, se mostrar deficiente no plano social e desenvolvida no plano afetivo. (Infelizmente não adentrou em pormenores quanto aos significados dessas idéias.)

Kaplan e Sadock (108) dividem a idade adulta em três períodos:

a) idade adulta inicial ou idade adulta jovem (final da adolescência até 40 anos);
b) idade adulta média ou intermediária, também denominada de "meia-idade" (dos 40 aos 65 anos);
c) idade adulta tardia ou velhice, também chamada de "maturidade" (acima dos 65 anos).

Os mesmos autores lembram que os gerontologistas dividem os idosos em dois grupos: 1) o dos "idosos jovens", com idade que vai dos 65 aos 74 anos, e 2) dos "idosos velhos", que apresentam mais de 75 anos.

Para Leopoldo Salvarezza (160) a "meia-idade" é aquela compreendida entre os 45 e os 65 anos.

Butler e Lewis (38) denominam "primeira velhice" o período que vai dos 65 aos 74 anos e "segunda velhice" aquele que ocorre a partir dos 75 anos.

Xavier Cançado (42) fala da importância que tem sido dada, principalmente nos países desenvolvidos, à "quarta idade", aquela referente aos chamados "velhos muito velhos", isto é, a partir dos 80 anos.

Tem de se levar ainda em conta que a questão da idade também está ligada a aspectos de desempenho profissional e a aspectos culturais, entre outros.

No tempo de Hollywood as atrizes já eram consideradas "velhas" aos 30 anos. No futebol e em vários outros esportes, o indivíduo quando atinge os seus 30, 35 anos é substituído por outro jogador mais jovem. Os modelos da alta-costura despedem-se da profissão ainda muito jovens, com cerca de 30 anos.

Os habitantes das Ilhas Truk, localizadas no Pacífico, consideram que a vida termina aos 40 anos, e os seminômades da África, os hotentotes, já são velhos e decadentes aos 50 anos.

Em contrapartida, em algumas culturas o embranquecimento dos cabelos e a idade avançada é esperada com ansiedade. É assim na aldeia de Vilcabamba (Andes equatorianos), em praticamente toda a Índia, nas tribos indígenas americanas, etc.

O notável ator brasileiro Paulo Autran, no programa de TV de 11 de setembro de 1992 do célebre entrevistador Jô Soares, disse: "Só existe uma exigência para se atingir os setenta anos: é a de ter nascido setenta anos atrás".

Portanto, diante de tudo isso que foi proferido, o que é terceira idade? O que é quarta idade? Quando começa uma e outra? É possível demarcá-las? Quando começa propriamente o envelhecimento? Ou a velhice?

Na Introdução deste trabalho fiz menção à necessidade de estipular critérios para incluir uma ou outra pessoa no grupo, no "gerontodrama". Um deles reportava-se à idade. Pois bem, compilando tudo o que se viu até agora, tentarei unificar as classificações mencionadas (mesmo que apenas como ponto de referência), da seguinte forma:

1. Mediescência na fase I (termo praticamente desconhecido e, portanto, pouco utilizado) — começa aos 30 e vai até os 49 anos;
2. Pré-senescência ou meia-idade ou idade média ou idade intermediária ou período de involução — começa aos 40 (para alguns, aos 45) e vai até os 59 ou 65 anos;
3. Mediescência na fase II (também de emprego discutível) e maturidade tardia — fase dos 50 aos 65 ou 70 anos;
4. Senescência, velhice, terceira idade, maior idade, senectude, idade adulta tardia, maturidade, idade madura, ou ainda primeira velhice — vai dos 65 (para outros 60 ou 70) até os 75 ou 80 anos;
5. Segunda velhice ou quarta idade ou grande idade — inicia-se, para alguns, aos 75; para outros, aos 80 anos.

Na classificação anteriormente citada da Organização Mundial de Saúde e naquela dos gerontologistas, vê-se que existe uma diferença na apreciação, pois qualificam por adjetivo e não por idade ou período.

Neste instante não posso deixar de salientar que, como a abrangência e a complexidade do assunto são extensas, ele não terminará neste capítulo (nem sequer neste livro).

No próximo capítulo introduzirei algumas informações sobre os aspectos biopsicossociais que corroborarão para o pensamento de que *o estabelecimento de uma idade para o início da senescência é inviável.*

3

Aspectos biopsicossociais da velhice

... para o homem que envelhece é um dever e uma
necessidade dedicar atenção séria ao seu próprio Si-mesmo.
Depois de haver esbanjado luz e calor sobre o mundo, o Sol
recolhe os seus raios para iluminar-se a si mesmo.

C. G. Jung

Crescer, adquirir experiências, conquistar pessoas e coisas e tantas outras aquisições no decorrer da vida é, em geral, sem sombra de dúvida, desejado por todos. Envelhecer, entretanto, para muitos, não o é. Mesmo assim, todos sabem que, independentemente da vontade de cada um, chegarão ao envelhecimento (exceção feita aos casos fortuitos).

Envelhecer representa ameaçadoramente para o indivíduo um desgaste das suas capacidades fisiológicas globais, seja de um modo progressivo discreto ou grave. Essa ameaça implica não somente modificações somáticas, como também mudanças psicossociais, incluindo aqui aquelas no nível da memória, do intelecto, do comportamento, da personalidade, das relações sociofamiliares, das finanças etc., que podem desembocar na velhice patológica, interceptando a caminhada saudável da sua existência.

Muito embora saiba-se que essa velhice patológica não representa regra única para todos, o medo e o preconceito existem, e isso acaba dificultando a aceitação do envelhecimento como processo natural da vida.

Para um maior entendimento desses aspectos biopsicossociais que acompanham o homem e vão modificando-o no decorrer da vida, vamos discorrer algo sobre cada um deles, separadamente.

Aspectos Biológicos

O processo de envelhecimento é para Henry Ey et al. "um fenômeno biológico geral que se manifesta em todos os níveis de integração do organismo: na escala molecular, ao nível da célula e dos tecidos, dos órgãos e suas funções, em todo o organismo, ao nível da personalidade e, poderíamos acrescentar, igualmente ao nível dos grupos humanos" (77, p. 864).

Alonso-Fernandez diz que não há sincronicidade no processo de envelhecimento, isto é, cada setor do organismo envelhece num dado tempo. Para Nobre de Melo a senescência acontece durante todo o decorrer da vida, não ocorre ao mesmo tempo e de modo igual para todos. Ele cita Brückner, que teria dito "envelhecemos por partes" (138, p. 326).

Reforço o que foi dito pelos autores: um indivíduo não envelhece biologicamente igual a outro, pois uma série de particularidades diferenciam o envelhecimento nesse ou naquele.

Alguns, por exemplo, podem ter o embranquecimento dos cabelos até bem antes da terceira idade, enquanto outros, mais raramente, só irão começar a tê-lo depois dos 50, 55 anos.

Em alguns casos a pessoa terá força muscular e rapidez de movimentos até seus 70, 80 anos, enquanto outros, em maior número, logo cedo sentirão o cansaço, a fadiga, a diminuição da força muscular.

Talbott (182, p. 847) cita que 50% dos indivíduos com 65 anos ou mais não apresentam impedimento nos movimentos corporais; mais de 80% conseguem dar conta, sozinhos, da sua rotina diária e pelo menos 90% estão intelectualmente sadios.

Uma paciente aprendeu a jogar tênis com aproximadamente 50 anos de idade, aos 63 anos continuava praticando o esporte, competindo, inclusive, com homens da sua idade que jogavam havia mais tempo que ela. Muitas vezes, chegava a vencer partidas. Há outras senhoras que mesmo com vários treinos e aulas não conseguem desenvolver essa capacidade por não apresentarem suficiente destreza.

Inúmeros são os exemplos que nos chamam a atenção neste campo e que, tantas vezes, nos surpreendem. Os fatores que provocam tais diferenças estão condicionados particularmente a dois grupos: genéticos e adquiridos.

Não pretendo pormenorizar a respeito desses fatores, mas considero importante citá-los para efeito de conhecimento, tomando por base as colocações dos autores mencionados.

Fatores Genéticos

1. Compleição física
   • Configuração morfológica externa
   • Estrutura anatomofisiológica dos órgãos e aparelhos
2. Temperamento
3. Caráter

Fatores Adquiridos

1. Estresse
2. Fumo (nicotina)
3. Álcool
4. Café e chás com cafeína
5. Atividade sexual
6. Nutrição excessiva ou insuficiente
7. Vida intelectual, criativa ou artística
8. Influência etnológica (o negro vive menos que o branco)
9. Influência climática (as regiões mais frias produzem aumento da longevidade)
10. Condições socioculturais e econômicas (padrões de moradia, índices de poluição e insalubridade, gêneros de ocupação, riscos e métodos de trabalho das comunidades, aspectos urbano-rurais, etc.)
11. Maior valorização do seu mundo interno.

A partir dessas causas, discorrerei, a título de curiosidade e para informação geral, de modo sintético, sobre as modificações biológicas que podem acontecer ou realmente ocorrem naquele indivíduo que está envelhecendo. (Limitar-me-ei a falar essencialmente dos aspectos gerais e das alterações ocorridas nos diversos aparelhos, deixando de lado os pormenores funcionais fisiológicos.)

Aspectos Gerais

1. Tendência à obesidade localizada no homem, mais na região abdominal; na mulher, mais na região glútea.
2. Perda da elasticidade e hidratação da pele, principalmente nas partes mais expostas (por exemplo, rosto e mãos), evidenciando rugas, pigmentação, manchas pardacentas.
3. Embranquecimento, queda ou adelgaçamento dos cabelos.
4. Embranquecimento dos pêlos que tendem a proliferar, por exemplo, no queixo.
5. Apagamento do brilho dos olhos.
6. Surgimento de bolsas sob os olhos e espessamento das pálpebras superiores.
7. Alongamento do nariz e dos lóbulos das orelhas.
8. Adelgaçamento do lábio superior.
9. Desgaste ou perda dos dentes, provocando um encurtamento da parte inferior do rosto.
10. Diminuição ou apagamento da força tônica e da sonoridade da voz.
11. Diminuição ou perda da audição e da acuidade visual.

12. Diminuição do paladar, do olfato e do tato.
13. Diminuição do crescimento das unhas.
14. Diminuição da força e do tônus muscular, possibilitando um maior número de quedas.
15. Maior dificuldade nas cicatrizações das feridas.
16. Aparecimento de varizes.
17. Redução do busto (± 10 cm nos homens e ± 15 cm nas mulheres).
18. Perturbações do sono: acordar cedo ou apresentar dificuldade para conciliá-lo ou ainda sono entrecortado.
19. Maior propensão às doenças orgânicas crônicas do que propriamente às agudas, como, por exemplo, as infecções.
20. Redução da largura dos ombros e aumento na da bacia.
21. Perda de peso de quase todos os órgãos internos.
22. Interrupção na mulher da função reprodutora.

Obviamente, todos esses aspectos não acontecem em todos os sujeitos. Há uma gama de variação que depende, como já foi mencionado, dos fatores genéticos e adquiridos e da idade mais, ou menos, avançada.

Darei agora uma noção das diversas mudanças patológicas que podem ou não ocorrer no idoso.

Alterações Patológicas

1. Surgimento de cataratas.
2. Diminuição nas sensibilidades visuais, auditivas, térmicas e dolorosas.
3. Diminuição na intensidade dos reflexos.
4. Modificações do apetite sexual, podendo levar (ou não) o homem à impotência sexual.[1]

---

1. Infelizmente a nossa sociedade costuma se mostrar bastante preconceituosa diante da questão sexual do idoso, impedindo qualquer originalidade neste sentido. Para ela, envelhecimento deve ser considerado, se não igual, quase que sinônimo de "morte sexual", e quando atitudes contrárias demonstrativas da existência de desejo sexual são evidenciadas — mais comuns nos idosos do que nas idosas —, entram em jogo a noção de pecado, culpa, mitos etc. Bustos menciona que "as pessoas velhas não podem ter uma boa sexualidade. Demarcado pelo triunfo-fracasso, é necessária a potência de um atleta e esta se perde junto com o envelhecimento. Sua performance está prejudicada e frente ao temor (muitas vezes terror) do fracasso será preferível evitar a tentação. As formas alternativas de relação sexual só são admitidas pelo homem referidas a amantes ocasionais, cuja opinião não interessa" (35, p. 49).

Não me estenderei sobre esse ponto, pois requer muita discussão (que talvez venha a ser mais profundamente considerada em outro instante). Acho importante apenas enfatizar que este é um dos temas mais difíceis de serem abordados (e dramatizados). Somente quando os pacientes estão há mais tempo em psicoterapia é que surge um espaço menos tenso para o desenvolvimento da temática. Grande parte das vezes o trabalho terapêutico é feito verbalmente, pois mostram-se embaraçados em se expor e dramatizar cenas com conteúdo sexual.

5. Hipertrofia prostática.
6. Diabetes *mellitus*.
7. Bócio multinodular tóxico.
8. Coronariopatias e cardiomiopatias.
9. Hipertensão arterial.
10. Lesões orovalvulares.
11. Arteriosclerose.
12. Bronquite asmática.
13. Tendência maior ao enfisema pulmonar.
14. Colelitíase.
15. Hérnia de hiato.
16. Diverticulite, polipose intestinal, constipação intestinal crônica.
17. Incremento da anemia perniciosa.
18. Atrofia das glândulas salivares.
19. Hipocloridria e acloridria.
20. Hipotonia e hipocinesia do estômago.
21. Espasmos esofagianos.
22. Diminuição da diurese ou poliúria.
23. Isquemia renal.
24. Insuficiência renal aguda.
25. Deformidades torácicas.
26. Reumatismo, osteoporose e osteoartrose.
27. Fibrose do pâncreas.
28. Aparecimento de câncer nos mais variados órgãos.

Apesar do grande número de doenças que podem agredir o idoso (que não se esgota com a lista acima), com riscos, inclusive, de lhe causar a morte, existem também os outros aspectos (psicológicos e sociais) que influem e interferem no envelhecimento, dos quais falarei em seguida.

Aspectos Psicológicos

O velho não comprometido psicologicamente é aquele que ainda "vive" e quer continuar vivendo a vida em toda a sua plenitude, usufruindo daquilo que ela ainda pode lhe oferecer e para a qual ele pode responder. O velho que não vive à sombra das perdas ou à sombra do que não pode mais atingir, em razão de sua idade, ainda tem, mesmo com medo, desejos de realização pessoal.

A história está repleta de casos de homens e mulheres que "não envelheceram psicologicamente", conservando quase ou todas as suas características psicológicas de forma viva e brilhante. Apenas para ilustrar, comento alguns deles.

Goethe, quando completou 82 anos, resolveu escrever a segunda parte de sua célebre obra *Fausto*, um ano antes de sua morte por pneumonia, em 1832. Conservou, até os últimos instantes de sua vida, inteligência, criatividade, interesse pelas mulheres e disposição para o trabalho.

Michelangelo projetou, com a idade de 71 anos, a cúpula da Basílica de São Pedro. Faleceu aos 89 anos e quatro dias antes do seu falecimento pintava a famosa *Pietà* inacabada do Palácio Sforza, em Milão.

Victor Hugo morreu em 1985, com 83 anos, em pleno vigor. Dois anos antes de sua morte enviou ao seu grande amor, a atriz Juliete Drouet, a frase: "Amei-te durante cinqüenta anos: é o mais belo dos matrimônios" (26, p. 91).

Sófocles se aproximava dos 90 anos quando escreveu a sua famosa tragédia *Édipo Rei*, vindo a falecer com quase cem anos.

Bertrand Russell, renomado filósofo inglês, quando contava 90 anos, serviu como mediador na Revolução Cubana e no conflito entre China e Índia.

Platão morreu com 81 anos, escrevendo.

Pablo Picasso dedicou 75 anos de sua existência à arte, criando nesse tempo mais de vinte mil obras entre pinturas, esculturas, gravuras etc., vindo a falecer com 91 anos.

Franz Liszt, um dos mais famosos músicos eruditos, quando contava 74 anos, viajou pela Europa realizando uma série de recitais, até duas semanas anteriores ao seu falecimento.

Helena Rubinstein escreveu sua biografia intitulada *Uma vida dedicada à beleza* com noventa anos.

A escritora Marguerite Yourcenar, de *Memórias de Adriano*, quando faleceu aos 84 anos, estava terminando de escrever a última parte das suas memórias e se preparando para fazer uma conferência sobre Jorge Luis Borges.

Um dos mitos da música negra americana, Alberta Hunter, conservou até pouco antes de morrer, aos 89 anos, a mesma voz forte e grave que tanto a popularizou.

No Natal de 1977 deixou saudades um dos mais talentosos homens do cinema, Charles Chaplin, que partiu com 88 anos, lúcido e criativo, após um longo trabalho de setenta anos dedicado a essa arte.

Os escritores franceses, Jean-Paul Sartre e Simone de Beauvoir, intelectuais do século XX, conhecidos mundialmente pelas suas obras e personalidades faleceram com, respectivamente, 75 e 78 anos, em pleno gozo de sua inteligência e criatividade.

Apesar desses pequenos relatos e tantos outros que poderiam ser citados, há de se levar em conta que, infelizmente, essas situações não são o comum em uma população. Muitos autores, assim como Nobre de

Melo, costumam dizer que a vida longa é difícil de ser atingida sem caducidade.

Alonso-Fernandez menciona que se sabe muito pouco a respeito da influência dos fatores psicológicos no envelhecimento, mas isso não o impede de fazer uma suposição: "Há base para suspeitar, somente suspeitar, que nas pessoas de vida rica criativa, intelectual ou artística, a deterioração dos rendimentos intelectuais e mnésticos se produz mais tardiamente e com maior lentidão (5, pp. 873-4). Um informe da Organização Mundial de Saúde datado de 1959, citado por ele, diz: "Certos fatos parecem indicar que os indivíduos intelectualmente bem-dotados conservam intactas suas faculdades intelectuais durante um tempo mais prolongado que as outras pessoas" (5, pp. 873-4).

Outro aspecto bastante significativo que enfatiza é sobre a questão dos conflitos psicológicos. Diz com clareza: "Muitos problemas psicológicos dos anciãos (...) provêm de conflitos afetivos e frustrações correspondentes a épocas anteriores de sua vida. As dificuldades psicológicas se acumulam na velhice das pessoas não satisfeitas, inadaptadas ou neuróticas. Uma vida adequadamente vivida constitui, pelo contrário, um magnífico escudo contra os riscos psicológicos que a velhice comporta" (5, p. 855).

Gaiarsa defende a idéia de que a manutenção da jovialidade na velhice depende basicamente da rigidez de caráter. "As pessoas muito contidas e controladas são velhas desde o começo" (95, p. 42). É dele a divisão dos velhos em quatro categorias:

1. os poucos que governam o mundo — bem mais poderosos do que sábios;
2. os poucos que estão próximos do vovô ideal e do velho sábio;
3. os muitos que vão se fazendo cada vez mais azedos, irritadiços e intolerantes;
4. os que vão parando e se fazendo apáticos e indiferentes.

Salgado (158) cita um estudo realizado nos Estados Unidos por P. G. Petersen e Suzanne Reichards, que teriam descrito cinco diferentes tipos de características nos velhos:

1. *Construtivos*: são aqueles bem integrados tanto no campo pessoal, familiar, quanto no social. Suas vidas foram cercadas de responsabilidade e estabilidade, sofrendo poucas tensões. Apresentam uma personalidade de realce, com autocontrole, porém consciente das suas realizações, frustrações e limites. São otimistas e aceitam a aposentadoria sem maiores conflitos. Não lamentam o que passou e querem continuar a construir, pretendendo ainda grandes realizações.

2. *Dependentes*: são passivos, não são ambiciosos, mas vivem uma vida com um padrão acima das suas possibilidades. São cautelosos com contatos novos, mostrando-se desconfiados. Extremamente otimistas e pouco realistas. A aposentadoria livra-os da responsabilidade e não sentem nenhuma disposição para qualquer tipo de atividade após a sua decretação.

3. *Defensivos*: são neuróticos, descontrolados emocionalmente, convencionais no social e apresentam um comportamento fechado. Seus empregos nunca foram fonte de prazer, mas apenas o caminho para atingir um futuro promissor. São preconceituosos e tentam passar uma imagem de auto-suficientes. São pessimistas quanto à velhice e invejam freqüentemente a juventude. Evitam aposentar-se para não entrar em contato com o envelhecimento e trabalham arduamente, só parando quando obrigados.

4. *Hostis*: pouco ambiciosos, pouco competentes, com constantes sentimentos de fracasso. São rígidos, inflexíveis no modo de pensar, agressivos, competitivos, preconceituosos, culpam os outros pelo seu insucesso. Têm enorme medo de envelhecer, criticam os mais jovens pelas suas posturas e agarram-se desesperadamente ao seu trabalho. Tendem freqüentemente à introspecção.

5. *Pessimistas*: são sempre vítimas das circunstâncias, vivendo em constante conflito. São hostis consigo mesmos e não se interessam pelos outros. Consideram a velhice uma triste etapa da vida, não se revoltam contra ela, mas também nada realizam para mudar ou construir de novo. Não têm medo da morte porque ela representa a possibilidade de libertar-se dessa vida tão insatisfatória.

Essas duas classificações dão uma certa demonstração do quanto o homem gostaria de reduzir, em poucas palavras, as características humanas do indivíduo idoso. Partindo do princípio de que "o envelhecimento psíquico é um processo extraordinariamente complexo, muito influenciado por fatores individuais" (5, p. 868), fica praticamente impossível "classificar" o velho de modo tão limitado, tão rígido. Mas mesmo que o envelhecimento psicológico não se desenvolva igualmente em todos os seres humanos, é importante enfocar os diferentes caracteres dessa condição senescente.

Robert Butler (citado por Kaplan e Sadock) apresenta um quadro com temas específicos que parecem ser característicos da meia-idade. Reproduzo-o para uma melhor compreensão.

Aspectos Salientes na Meia-Idade

TEMAS	ASPECTOS POSITIVOS	ASPECTOS NEGATIVOS
Apogeu da vida.	Uso responsável do poder; maturidade; produtividade.	Visão da pessoa como "vencedor–perdedor"; competitividade.
Balanço: o que fazer com o resto da vida.	Possibilidades; alternativas; organização dos compromissos; redirecionamento.	Encerramento; fatalismo.
Fidelidade e compromisso.	Compromisso consigo mesmo, com outros, com a carreira, a sociedade; maturidade filial.	Hipocrisia, decepção quanto a si mesmo.
Amadurecimento–morte (amadurecer é morrer); fantasias sobre juventude e rejuvenescimento.	Naturalidade com relação ao corpo e ao tempo.	Repetitividade; tédio; impaciência; isolamento; conservadorismo; confusão; rigidez.

Prates da Silveira e Silva Bento introduziram o termo "síndrome normal da velhice" em analogia à "síndrome normal da adolescência" (criada por Maurício Knobel, que diz respeito aos desajustamentos próprios dessa época). Embora considerem difícil estabelecer uma idade para o envelhecimento normal (senescência) e o patológico (senilidade), a "síndrome normal da velhice" se refere àquelas características comumente observadas por ocasião do envelhecimento e se caracteriza pelos seguintes sintomas:

"1. Intensificação dos traços de personalidade
2. Fixação no passado
3. Irritabilidade
4. Rigidez
5. Dogmatismo
6. Desconfiança
7. Aversão ao novo
8. Autoritarismo
9. Depressão
10. Isolamento
11. Diminuição da atividade sexual
12. Busca de satisfações sociais" (148, pp. 133-41)

Sem me colocar como adepta dessa designação, concordo, todavia, que haja mesmo uma diferenciação entre o chamado envelhecimento psicológico normal e o patológico, a qual me proponho, *grosso modo*, relacionar abaixo.

Alterações psicológicas ditas "normais"

1. Dificuldade menor ou maior em aceitar-se como alguém que está envelhecendo ou está velho.
2. Certo declínio na manifestação da afetividade, da susceptibilidade, dos interesses, das ações, das emoções, dos desejos.
3. Prejuízo da memória de fixação, como, por exemplo, esquecer nomes de pessoas, coisas, ou mesmo onde colocou determinados objetos. Segundo Kaplan e Sadock esses fenômenos são denominados "esquecimento senescente benigno" (108, p. 854). Já a memória de evocação mantém-se geralmente conservada.
4. Acentuação das características da personalidade. Traços do tipo, por exemplo: rigidez, egocentrismo, desconfiança, irritabilidade, avareza, dogmatismo, autoritarismo, que tenham existido na juventude (mesmo que de modo não tão pronunciado), tendem a se exacerbar.
5. Dificuldade na assimilação ou mesmo aversão a idéias, coisas e situações novas (misoneísmo).
6. Apego maior aos valores já conhecidos e convencionados, aos costumes e às normas já instituídos.
7. Diminuição da percepção, da concentração, da atenção, do raciocínio e do rendimento intelectual.
8. Tendência ao isolamento e à introspecção.
9. Perda ou diminuição do interesse sexual, mas tendência a relatar anedotas satíricas de conteúdo sexual ou mesmo obscenas.
10. Aumento do apetite levando à gula.
11. Diminuição da criatividade e da espontaneidade.
12. Menor capacidade para o pensamento abstrato.
13. Lentidão nos movimentos e nas ações que solicitam esforço.
14. Aumento da ansiedade e do medo.

Todas essas manifestações, e algumas outras não tão freqüentes, podem tomar tamanho vulto, a ponto de se transformarem em patológicas, impedindo o velho de viver sua vida de maneira independente e autodeterminante.

Como exemplo, pode-se dizer que:

1. A memória apresenta lapsos cada vez mais freqüentes. O vocabulário vai se tornando mais restrito, pois a memória atingida apaga as palavras menos utilizadas.

2. Há um estreitamento maior da atenção, da vontade, das referências afetivas, do sentimento, da capacidade de ação.
3. Maior dificuldade para o entendimento dos significados.
4. Os traços de personalidade se agravam de tal maneira que o indivíduo pode acabar desenvolvendo um quadro demencial (veja item "Contra-indicações").
5. Desenvolvimento ou acentuação dos chamados "transtornos neuróticos", principalmente: depressão, ansiedade, hipocondria, histeria, fobias, obsessões ou compulsões.

Soares Vargas considera que os velhos sofrem uma transformação psíquica estrutural que desencadearia mudanças neste campo através de duas vias, denominadas por ele de "ascendentes" e "descendentes". Transcrevo abaixo as características dessas funções:

"Traços que não se mantêm, negativos e descendentes

1. Atitude hostil ante o novo;
2. Lentidão de todos os rendimentos e fadiga;
3. Diminuição da vontade, das aspirações, da iniciativa, da capacidade de ação e da atenção;
4. Enfraquecimento da consciência;
5. Diminuição da concentração;
6. Apego ao conservadorismo;
7. Deterioração da memória;
8. Diminuição global do rendimento intelectual;
9. Anomalias do caráter: desconfiança, irritabilidade, indocilidade;
10. Estreitamento da afetividade.

Traços que se mantêm ascendentes ou que se transformam compensadoramente

1. A percepção perde a rapidez e agudeza, porém ganha exatidão, por estar menos exposta às influências das emoções.
2. Diminui a memória mecânica, instalando-se um sistema mnésico mais completo que facilita a agrupação de dados e a comparação dos mesmos. O velho procura evitar o não-essencial.
3. Habilidade notável para compensar qualquer mudança desfavorável em uma atividade funcional.
4. Boa ordenação automática e inconsciente de suas atividades, permitindo utilização adequada das capacidades existentes.
5. Maior capacidade de aprendizagem nas situações práticas.
6. A capacidade de compensação e estratégia parece ser mais aguçada nos velhos.

7. O envelhecimento conserva a capacidade de enfrentar o trabalho que requeira paciência e precisão.
8. Sagacidade para manejar as experiências acumuladas e ampliar as relações existentes.
9. Aumenta a objetividade, ponderação, equilíbrio e fidelidade.
10. Expansão da espiritualidade" (171, pp. 100-1).

Tais sintomas (citados acima) também não podem ser considerados regra geral. Esses princípios devem conter elasticidade suficiente, porque, como se sabe e se tem dito, por mais que se sente, é impossível conceber o velho psicologicamente típico, assim como bem escreveu Alonso-Fernandez: "O comportamento na senectude, igual ao de outras idades, depende das motivações do ancião e os significados pessoais adscritos às situações" (5, p. 868).

Aspectos Sociais

> *L'homme est un homme jusqu'au dernier de ses jours.* (39, p. 136)

Esta frase traz consigo uma grande e lógica verdade: por mais que o homem envelheça, por mais que a sociedade determine sua idade e classifique-o como velho, enquanto viver, ele não deixará de "ser", de "existir" como pessoa e de ter direito a um espaço dentro da sociedade.

O idoso sempre existiu em todos os tempos, em todos os lares, em todas as culturas, e sempre foi "velho" (obviamente após passar pelas outras fases da vida), cada um vivenciando a experiência de sê-lo, à sua maneira, conforme suas características biológicas e psicológicas e o seu contexto social.[2]

Dentro deste campo — o social — e, principalmente, nas terras do Ocidente, o velho caminha com dificuldade, impossibilitado pelos assim chamados "passos sociais" dos indivíduos e das comunidades em geral.

Simone de Beauvoir (16) comenta que o mundo fecha os olhos aos velhos, assim como aos jovens delinqüentes, às crianças abandonadas, aos aleijados, aos deficientes, todos estigmatizados, nivelados em um mesmo plano.

---

2. Uma das poucas referências de Moreno a respeito da noção de idade, como processo de socialização, é a divisão que faz desse processo em três etapas:
a) entre aproximadamente 7 e 9 anos (ponto decisivo desse processo), quando a criança passa a ser capaz de constituir e dirigir uma sociedade;
b) entre 13 e 15 anos, coincidente com o início do período de maturação sexual;
c) entre os 16 e 17 anos, quando o adolescente atingirá o termo do seu desenolvimento mental.

Confúcio, na China antiga, já enfatizava a importância do idoso e salientava o quanto era essencial que as famílias seguissem seu modelo.

Conta-se que, em muitas espécies da natureza, os animais mais velhos são considerados também os mais experientes e por isso transmitem maior segurança e têm maior prestígio.

Com as abelhas, por exemplo, existe uma hierarquia natural de papéis sociais cujas mudanças são programadas entre elas com o passar do tempo.

Simone de Beauvoir conta casos interessantes (16). Um deles fala da velha gralha que avisa do perigo próximo fazendo com que as demais levantem vôo imediatamente. Entretanto, se o mesmo alarme for dado por uma gralha nova, as outras não lhe darão ouvidos. Outro exemplo é o do chimpanzé idoso que aprende a pedir bananas através de um complicado aparelho; todos imitam-no. A mesma experiência feita com um chimpanzé jovem não tem resultado igual, pois os demais não tentam copiá-lo.

Essas espécies de animais parecem apresentar uma sabedoria "instintiva", que os homens, animais racionais, ainda não puderam alcançar: o respeito e o acatamento ao ser humano mais velho, que contém, inevitavelmente, o poder da experiência.

É a própria Simone de Beauvoir que faz uma narrativa referente aos habitantes de uma aldeia de Bali (sociedade incluída dentre as "sociedades sem história", mas não primitiva). Lá existia o ritual de sacrificar e comer as pessoas que atingissem a velhice, o que estava levando a uma espoliação da tradição, já que os idosos praticamente não existiam mais. O povo resolveu, um dia, construir um Conselho, e surpreendentemente todos verificaram que desconheciam como utilizar as toras de madeiras cortadas para aquele fim (dizia-se que se as toras fossem invertidas no seu sentido uma grande catástrofe recairia sobre a aldeia). Uma das pessoas — um jovem rapaz — mencionou que teria a solução do problema, desde que fosse cumprida a promessa, por todos, de que os velhos nunca mais seriam comidos. A promessa foi feita e o rapaz trouxe para a comunidade o seu velho avô, que ele muito bem escondia, e que soube diferenciar a parte superior da base da madeira.

Este exemplo traz uma lição de vida. Numa comunidade inteira, apenas um jovem foi capaz de amar, respeitar e resguardar seu avô, correndo talvez riscos para mantê-lo vivo às escondidas. Somente uma pessoa se dignou a acreditar na experiência do mais velho e a ter certeza da riqueza dos seus ensinamentos.

Em razão desta história (verídica ou não), o que se sabe é que em Bali os velhos são bastante respeitados. Excetuando os casos de enfermidades graves, eles não deixam de trabalhar e, mesmo quando perdem suas capacidades globais, são bem tratados e alimentados e, em alguns casos, até honorificados.

Situações desse tipo, ou mesmo semelhantes, não são vistas de modo geral e de forma freqüente neste nosso país. Parece que o "envelhecimento sociogênico" (termo utilizado por Comfort e que é definido como "papéis impostos pela sociedade aos seres humanos assim que estes atingem uma determinada idade" (55)) no Brasil poderia ser estudado tomando por base a sociedade pré-industrial e a industrial.

Na sociedade pré-industrial, o homem ia no decorrer da sua vida aprendendo coisas e acumulando papéis sociais, o que paralelamente lhe fornecia *status*. Quando envelhecia, continuava sendo considerado, respeitado, amado e totalmente identificado com os valores vigentes naquele contexto social. O casal ancião poderia ser visto como os vovós ao mesmo tempo protegidos e queridos que assumiam papéis de colaboração (no auxílio ao cuidado das crianças, por exemplo) ou em papéis de patriarca e matriarca que (tirando os aspectos negativos desses papéis) teriam o que ensinar, oferecer, transmitir, pois guardariam consigo a força da sabedoria.

Na sociedade industrial ou tecnológica não se admite alguém que não produza. Quando o indivíduo vai se aproximando da chamada "meia-idade", percebe que uma vasta quantidade de "portas sociais" começam a se fechar para ele. Neste país, onde o aforismo "Brasil — país de jovens" se evidencia, se a pessoa idosa perde um emprego, dificilmente encontrará outro. Os anúncios em jornal mencionam sempre uma idade, que varia no máximo entre 30 e 40 anos, como condição para se obter uma colocação (exceções pequenas existem principalmente para aqueles cargos menores, de salário baixo e sem projeção, como por exemplo os famosos "carregadores de placas" que deambulam pelas capitais brasileiras, oferecendo empregos para diversas funções). Se ele se aposenta, então, também está fadado a ser um inútil.

O envelhecimento passou, portanto, a ser analisado simplesmente pelos seus aspectos deficitários e decadentes, relacionando improdutividade tecnológica, ou, melhor dizendo, ausência voluntária na produção (em razão, por exemplo, da aposentadoria) com deficiência, decrepitude, senilidade. É como se os idosos tivessem então de morrer e não pudessem mais usufruir da sua vida como melhor lhes aprouvesse, ou mesmo optar por uma nova atividade, não ligada à produção em massa. É como se nada mais pudessem fazer pela sociedade.

Entretanto, essa mesma sociedade esqueceu-se de que o velho construiu e solidificou experiência e conhecimento e que atirá-lo em uma clausura, tapando os ouvidos e os olhos para não ouvir e ver o que ele tem a transmitir, é dar fim aos valores históricos que perpassam gerações, é extinguir com as tradições dessa sociedade; é, enfim, matar a memória de um povo.

"Tornam-se vítimas da gerontofobia, medo irracional da idade avançada baseado nos estereótipos culturais de enfraquecimento dos idosos" (161, p. 55). É importante diferenciar esse conceito daquele criado por Robert N. Butler (1973), denominado *"ageism"* (traduzido no nosso idioma como "ancianismo" ou "velhismo").

Esse termo designa o preconceito e a discriminação dos adultos mais jovens em relação aos velhos, aplicando à velhice uma série de estereótipos negativos e associando-a com doença, senilidade, dificuldades gerais, solidão e decadência. (Essa opinião depreciativa também é partilhada, muitas vezes e infelizmente, pelo próprio idoso.) Salvarezza (160) pondera que a gerontofobia é de surgimento mais raro e está relacionada também com ódio irracional pelos velhos; é menos abrangente, devendo ser inserida dentro do ancianismo.

Costuma-se acreditar que no Oriente o idoso é mais bem tratado do que no Ocidente. No que diz respeito ao Japão, parece que nos últimos tempos foram introduzidas mudanças que obrigam a pensar de forma diferente.

O *Jornal da Tarde* de 17.10.1986, em reportagem intitulada "O país dos velhos", comenta que ao mesmo tempo que o Japão orgulha-se em ser o país com a média de vida mais longa do mundo, preocupa-se com o fato de esse número estar aumentando a cada dia que passa. Muitos velhos estão vivendo uma vida solitária e empobrecida de bens materiais. As pensões sociais estão cada vez mais baixas e hoje nem todos vivem os seus últimos dias com a família, mas sim em asilos do governo. Antigamente, os velhos viviam com o filho mais velho porque este era considerado, pela lei, seu herdeiro único, o que facilitava e auxiliava financeiramente os seus cuidados. Após a Segunda Guerra Mundial, foi instituída a herança igualitária para todos os filhos: se, por um lado, a divisão dos bens tornou-se mais democrática, por outro, prejudicou a assistência ao ancião, que hoje fica à mercê do governo ou da caridade dos filhos.

Fatos semelhantes acontecem no Brasil, não somente ligados à questão da herança, mas também aos cuidados não suficientemente adequados e próprios que a família proporciona ao idoso.

Lembro-me de uma paciente que, viúva durante muitos anos, esforçou-se para educar seus filhos. Conseguiu comprar uma casa simples e construiu nos fundos do quintal uma outra, menor, que pudesse lhe servir de renda por meio de aluguel. Uma filha casa-se e pede à mãe, juntamente com o marido, a casa dos fundos para o casal morar, sem pagar aluguel, o que é aceito. Os anos passam, os netos vão crescendo e, aproximadamente dez anos depois, quando então a paciente já contava 68 anos, uma surpresa: o genro vem exigir-lhe a troca, isto é, ela passar para a casa dos fundos e ele com a família para a casa maior, da frente. "Nada mais natural!...", diz o genro. Ela não aceita o proposto, o que desencadeia uma constante e diária afronta por parte do genro e dos netos, que a magoam com palavras do tipo: "Sua velha gagá, caduca, cretina, avarenta". A filha quando, vez ou outra, interfere é para salientar que "como ela é mesmo uma velha, não precisaria morar em uma casa maior, não necessitaria mais daquele conforto"...

Pela ocorrência deste e de tantos outros casos semelhantes é que se tem uma idéia do quanto o idoso é desrespeitado e ridicularizado socialmente. Ter 68 anos é não ter desejos, é não necessitar de conforto, é ser, de forma inevitável, comprometido psicologicamente (se não vai ao encontro das exigências familiares), é toda uma gama de desmerecimentos.

Os asilos estão repletos de idosos que não puderam permanecer no seio da família porque "nem sequer se prestavam mais aos serviços caseiros".

Se o nosso país envelhece hoje a passos mais rápidos, é indispensável que a cada instante um novo movimento de conscientização se faça presente por intermédio dos meios de comunicação, nas ruas, nas escolas, nos meios culturais, nas entidades de classe ou em qualquer outro espaço possível.

O movimento deve abranger ao mesmo tempo os idosos (que raramente acreditam na sua força para a luta), os adultos com menos de 50 anos, os adolescentes, as crianças, que tentarão sensibilizar outras pessoas, e os órgãos e secretarias do governo, no intuito de mudar basicamente a mentalidade do nosso povo quanto à visão distorcida que se tem de uma pessoa idosa.

Nos dias atuais, faz-se urgente a ampliação dos conhecimentos, das pesquisas científicas, dos cuidados, das maneiras de olhar e analisar o indivíduo com mais idade para que não nos mantenhamos retrógrados e vazios, espelhos de tantos outros que hoje assim vivem, sem um lugar digno e honrado na nossa sociedade.

4

Gerontodrama

Um criador é como um corredor, para quem, no ato de correr, a parte do caminho que ele já passou e a parte que tem diante de si são uma só coisa, qualitativamente.

Jacob Levy Moreno

Dentro deste capítulo analisarei e discorrerei sobre os itens abaixo, que considero de grande importância.

A. Conceituação
B Conflitos e sintomas mais freqüentes
C Indicações e contra-indicações para o grupo
D A sessão de gerontodrama grupal
E Considerações teóricas

A. Conceituação

A palavra "Gerontodrama" advém de duas terminologias:
a) de "geronto", é um equivalente de "geron", que vem do grego "*géron* mais *ontos*" e significa "velho";
b) de "drama", que vem de "Psicodrama", método da Sociatria (técnica psicoterápica empregada para o tratamento do grupo e do indivíduo), um dos ramos da Socionomia. Para Jacob Levy Moreno, seu criador, o termo "drama" "é uma transliteração do grego, que significa ação ou uma coisa feita" (130, p. 61).

Quando comecei a trabalhar com grupos de idosos no Hospital do Servidor Público Estadual "Francisco Morato de Oliveira", pensei em criar um vocábulo que representasse este tipo de tratamento, bastante singular na época, pois, sem falsa modéstia, não oferecia parâmetros em termos de Brasil. Veio daí a criação da terminologia "Gerontodrama", que ficou vinculada durante um tempo, exclusivamente, à psicoterapia psicodramática em grupo para a terceira idade.

Com o passar dos anos, à medida que fui atendendo pacientes também em Psicodrama individual (na conotação bipessoal) e em Psicodrama de casal, fui adaptando a técnica a essas modalidades e ampliei o conceito de Gerontodrama para qualquer tipo de atendimento psicodramático na terceira idade.

Entretanto, é importante frisar que, como este trabalho foi originalmente escrito com base no atendimento a grupos, manterei os princípios dessa abordagem que, em alguns aspectos, é plenamente adaptável aos outros dois tipos de tratamento (individual e casal).

B. Conflitos e sintomas mais freqüentes

Muitos autores são unânimes em dar grande valor à psicoterapia da terceira idade.

Solomon, por exemplo, diz que os pacientes são altamente beneficiados (inclusive nos casos de síndrome cerebral orgânica) e dá especial ênfase à psicoterapia de grupo porque facilita a ressocialização (175).

Charam também comenta os bons resultados que a psicoterapia individual (tipo breve) e grupal promovem no círculo dos idosos (49).

Alonso-Fernandez aponta que uma vida adulta tranqüilamente vivida funciona como um escudo contra os conflitos emocionais que podem surgir na velhice (5).

Como se estivesse complementando o assinalamento acima, Mayer-Gross et al. falam a respeito daquelas pessoas "cujo calcanhar-de-aquiles ficou bem escondido durante a maior parte da vida e que são incapazes de manter a estabilidade emocional quando expostas às aflições da velhice. A maioria dos que apresentam colapsos neuróticos na velhice tiveram realmente episódios anteriores da doença. No entanto, em certos pacientes o colapso emocional aparece na velhice como um acontecimento inteiramente novo" (121).

Essas colocações tendem a concluir o seguinte: o adulto que pôde viver uma vida otimista e esperançosa, sem esconder ou emitir o seu tendão de Aquiles (ou que o fenômeno da conscientização não permitiu revelá-lo), que pôde passar pela vida lidando de modo mais salutar com seus choques existenciais, perdas e incapacidades, provavelmente não apresentará na velhice grandes conflitos, sejam eles resquícios do passado ou desencadeados pela atual fase da vida.

Todavia, seja por um passado conflituoso ou por um conflito instalado no presente, não se pode negar que existem idosos que apresentam uma série de dificuldades com as quais não sabem lidar e que acabam por forçá-lo ou levá-lo a procurar auxílio psicoterápico.

Abaixo relaciono algumas dessas situações e alguns dos sintomas e problemas que também costumam aparecer nessa etapa da vida.

1. Aceitação e reconhecimento da velhice
2. Crise da meia-idade
3. Aposentadoria
4. Viuvez
5. Perda de outros entes queridos
6. Problemas no relacionamento familiar e/ou conjugal
7. Sintomas psicossomáticos
8. Problemas ligados à área endócrino-sexual: menopausa na mulher, impotência no homem, diminuição da libido em ambos os casos, fantasias sexuais e masturbação
9. Sintomas fóbicos: medo da morte, de doenças, etc.
10. Sintomas depressivos: isolamento, introspecção, apatia, desinteresse, sensação de vazio, angústia, idéias de auto-eliminação, perda da ilusão enquanto fantasia, sonho etc.
11. Solidão
12. Síndrome do "ninho vazio"
13. Sentimentos de autodesvalorização e inutilidade
14. Demais sintomas neuróticos do tipo hipocondria, histeria, obsessividade, etc.
15. Dificuldades afetivas gerais: timidez, culpas, insegurança, agressividade, rispidez, irritabilidade, etc.
16. Suicídio

Não discorrerei sobre cada um desses itens porque são tantos os pormenores que todos mereceriam atenção especial para um outro livro.

C. Indicações e contra-indicações para o grupo

Nada tenho contra uma pessoa da terceira idade fazer parte de um grupo psicoterápico com participantes mais jovens, desde que relevadas as considerações para esse fim, de ambos os lados. Todavia, um dos fatores que me levou a iniciar este trabalho foi o pedido constante e freqüente dos interessados quanto à possibilidade de um grupo, como eles diziam: "... assim com pessoas da mesma idade que a minha; com os mesmos anos de experiência que os meus...".

É notório que nessa colocação, do modo como foi feita por eles, se prenuncia um preconceito (e/ou também um medo) de entrar em contato com os mais jovens. Ou ainda, o que considero bastante relevante: antever o preconceito do outro em relação a si mesmo (como "maduro demais", "velho", "vovô" etc.), o que acaba por impedir a sua participação nesses grupos. É necessário frisar que esta é uma verdade inquestionável: nos ambulatórios de hospital ou em clínicas particulares é bem mais raro encontrarmos pacientes com mais de 60 anos, sendo incluídos em grupos com pessoas de 25, 30, 40 anos. Até 50 anos ou pouco mais que isso ainda é possível deparar-se com algumas exceções, mas acima dos 55 anos isso se torna ainda mais difícil. É claro que se deve levar em conta, também, que o idoso procura tratamento psicoterápico com freqüência bem menor que o jovem.

Retomando o fio da meada, discorrerei agora sobre as indicações e contra-indicações para o grupo, que considero, no momento, as mais importantes. Penso que no decorrer desses anos "apreendi" alguns conhecimentos, mas convivi, por outro lado, com muitas indagações. Umas se dissiparam com a experiência, outras estão ainda em estudo e observação, e outras, provavelmente, por mais informação e prática que se tenha, talvez nunca venham a oferecer respostas. E é assim que me disponho a falar desses critérios que não são simples de caracterização.

I. INDICAÇÕES

1. Interesse pela psicoterapia

A psicoterapia, seja ela individual ou grupal, até hoje não é bem vista pela maioria da população, independentemente das razões. Quando as pessoas estão na terceira fase da vida, esse preconceito é mais acentuadamente estabelecido, ou pelo próprio indivíduo necessitado deste tipo de tratamento, ou pela sociedade como um todo. Ele mesmo muitas vezes comenta: "Que absurdo eu me submeter a 'isto' (referindo-se ao tratamento) depois de velho!... Era só o que faltava!...". Além dessa idéia preconceituosa, os idosos sentem-se também intimidados com as opiniões alheias que poderiam tachá-los de "loucos" (ou de qualquer outro adjetivo similar), mesmo que se tente lhe refutar esse pensamento com explicações lógicas.

Na realidade, grande parte das vezes, eles são os primeiros a se autodepreciarem, a se auto-imolarem, não acreditando na ajuda psicoterapêutica. É necessário, inicialmente, que se conscientizem de que precisam de auxílio habilitado, que querem e podem mudar. Quando dão maior importância à sua aflição e se propõem a trabalhá-la, chegam ao consultório geralmente interessados no tratamento, independentemente de já terem se submetido em ocasiões anteriores à psicoterapia.

Entretanto, quando dão maior ênfase ao medicamento (mesmo com todas as explicações médicas concernentes à questão) e negam-se terminantemente ao tratamento psicoterápico, torna-se quase impossível romper essa barreira.

Muitas vezes, nesses casos, não transponho o limite do paciente; limite este que talvez ele mesmo me imponha de forma subliminar e inconsciente ao querer dizer: "Quem me diz que não enlouquecerei se começar a descobrir coisas que não quero e nunca quis ver?".

Fonseca Filho fala claramente do que ele chama de "núcleos transferenciais ou psicóticos" que podem, numa dada pessoa, estar inativos ou em atividade. Diz ele: "O núcleo inativo seria aquele que, apesar de existir (todos os temos), se mantém em repouso, não se manifesta na vida atual do indivíduo. Poderá, porém, manifestar-se por condições interno-externas. Muitas vezes em situações onde o nível de ansiedade presente é maior do que aquela personalidade pode suportar, acontece um curto-circuito presente-passado. Busca o passado como refúgio do presente (regressão), mas traz para este cargas pretéritas que não são reais no momento atual" (81, p. 107).

Não pretendo insinuar com esse conceito que o velho apresente mais ou menos núcleos transferenciais que uma pessoa mais jovem, mas apenas apontar que eles também são passíveis de manifestação em qualquer idade.

Há ainda aqueles que vêm ao consultório totalmente descrentes, ou mesmo desinteressados, obrigados pela vontade dos filhos ou outros familiares, e que, surpreendentemente, vão compreendendo os subterfúgios do inconsciente e se interessando pela sua leitura e significado.

Infelizmente esses casos são raros. A maioria espera o "milagre" psicoterapêutico e nega-se a entender e perceber que o tão falado milagre está dentro de cada um; que somos, como psicoterapeutas, apenas o instrumento para alcançar esse fim, para a iluminação e para o funcionamento desse canal miraculoso que proporcionará a abertura para uma vida menos conflituosa e mais consonante.

Portanto, o encaminhamento de uma pessoa idosa ao gerontodrama se fará na proporção do seu grau de interesse. A demonstração de medo diante da novidade é plenamente natural (muitos velhos e moços apresentam-no por ocasião da entrada em grupo). Os fantasmas fóbicos não deverão ser empecilho para a participação no grupo, a não ser que funcionem como mecanismo altamente defensivo (o que, inclusive, justificaria, previamente, sessões individuais).

2. Solicitação do paciente

Como é mencionado no título, o próprio paciente pode solicitar seu encaminhamento ao grupo.

Quando um idoso procura espontaneamente psicoterapia, pelo menos três situações diferentes se evidenciam:

a) há aqueles que nunca se submeteram a ela;

b) há outros que quando com menos idade se submeteram a ela uma ou mais vezes, guardando boa lembrança do processo (individual ou grupal); e

c) há ainda aqueles que já estiveram em tratamento e não conservam dele boa impressão.

A reação à proposta de grupo, nesses casos, se faz também de forma diferente.

a) Os primeiros são inexperientes quanto às características de funcionamento e ao modo de execução da psicoterapia. É necessário um tempo, variável de idoso para idoso, para que "apreendam" o estilo, as concepções funcionais, o exercício do trabalho, a fim de que possa ser infiltrada neles a idéia de participação em grupo (pois raramente, por conta própria, solicitam seu encaminhamento a ele).

b) Esses são os mais aquecidos para a participação. Sentem-se curiosos de poder vivenciar essa nova experiência, mesmo acompanhados do medo diante dessa situação desconhecida. De maneira geral, o seu pedido de encaminhamento é para o próprio grupo. Digo isso porque, às vezes, acontecem casos de pessoas na faixa entre os 50 e 60 anos que dão preferência aos grupos com participantes mais jovens e pedem que sejam incluídos exclusivamente neles. Exemplificando: um paciente, a quem chamarei de Júlio, de 51 anos, que se submetia à psicoterapia individual, estava para continuar seu processo em um grupo, conforme minha proposta. Ele vinha passando por um momento de separação conjugal e de reorganização da sua vida em vários campos: social, afetivo, amoroso, habitacional. Estava novamente entrando em contato com mulheres, partilhando e fazendo novos amigos, saindo para encontros, jantares, viagens. Apesar de muitos outros fatores psicológicos conflitantes estarem em evidência, sentia-se reconstruindo sua vida, e isso lhe dava um ar e um sentimento jovial. Quando lhe falei sobre a importância de participar de "um" grupo (eu mesma não pensava em encaminhá-lo para um grupo de idosos), ele imediatamente rebateu de forma preconceituosa: "Tudo bem, eu topo, mas, por favor, não para um grupo de velhinhos...". (Nesse instante não discutirei a respeito do seu preconceito, porque fundamentalmente privilegio outras questões como as que se seguem.)

O que me fez, neste caso em particular, encaminhá-lo para um grupo com pessoas mais jovens? Qual o critério de indicação que utilizei? Sem dúvida, pude "sentir" que ele gostaria de ir para um grupo de jovens, assim como considerava que seu aproveitamento e suas experiências atuais e passadas condiziam mais com as experiências de pessoas mais jovens. Portanto, o seu pedido veio apenas reforçar aquilo que eu havia anteriormente pensado e sentido. Mas por que isso tudo parecia tão subentendido? E se, por acaso, ele tivesse me pedido para colocá-lo justamente em um grupo da terceira idade? Com certeza eu me surpreenderia. E por quê? E como lidaria com isso? Quantas vezes, ao contrário, coloquei pessoas de 50, 52, 54 anos em grupos de terceira idade — porque elas me pediram (e eu pensava do mesmo modo) — e não questionei tal conduta?

Qual a diferença ou as diferenças que vejo entre um ser humano e outro para que esse encaminhamento para um ou outro grupo seja tão implicitamente evidente?

Para tentar responder essas perguntas devo me reportar a dois critérios. O primeiro trata do conceito pessoal de velhice, anteriormente mencionado. Na tentativa de uma correta indicação é muito importante que se levem em conta os aspectos lá anotados. Quando falo desse conceito, digo que ele é um critério essencialmente individual, pois é diretamente ligado às experiências e às vivências interiores de cada um. Sendo assim, o terapeuta deve estar atento, ser observador e perceptivo para que possa captar do paciente a impressão que ele tem e sente de si mesmo, e que em um dado instante lhe envia como mensagem. Este é, talvez, um dos fatores primordiais para uma adequada indicação. O segundo critério será referido no próximo item, relacionado com os chamados "idosos vivazes".

c) Por fim, os últimos citados são aqueles que após uma experiência, seja individual ou grupal, não se lembram com satisfação da ocasião de seu tratamento. Em geral, vêm à consulta imbuídos de certa desconfiança, suspeita e conjecturas. Necessitam de um grande tempo de psicoterapia individual para o fortalecimento do vínculo terapêutico (e a experimentação de resultados) para, passado esse tempo, ser possível a chamada para o grupo.

3. Personalidade idosa "vivaz"

Seria talvez utópico demais pretender chegar aqui a uma conclusão das causas intrínsecas que levam um indivíduo a ter determinadas aptidões, comportamentos, a agir frente a certas situações com mais ou menos medo, a apresentar mais ou menos conflitos, ou mesmo a força da luta pela vida. Entretanto, há pessoas que, quando procuram psicoterapia, independentemente da idade, beneficiam-se muito dela, e outras que não a aceitam de forma alguma, apresentando uma série de restrições a esse tipo de abordagem.

Quais são os parâmetros entre uma situação e outra?

No meu modo de ver, cada ser humano apresenta uma "luminosidade" particular. Essa luz é como se fosse uma "energia cinética interior", a qual denominei figurativamente de "garra energética", e que talvez seja adquirida a partir do nascimento, ou nos primeiros anos de vida (ou é congênito?).

Essa garra é o desejo veemente para... (alguma coisa), por... (alguma coisa), de... (alguma coisa). É a disposição, a vontade, o interesse, a persistência, a obstinação, a firmeza para atingir um determinado alvo. Essa garra prende o homem à vida, no sentido de impulsioná-lo para a frente, de facilitar-lhe a caminhada (tantas vezes árdua e dolorosa); de fazê-lo não desistir dos projetos pelo simples aparecimento de uma dificuldade, um obstáculo; de poder permitir-lhe uma sintonia "mais fina" dele com ele mesmo e dele com o mundo. É poder olhar para o novo dando oportunidade a si mesmo de pensá-lo, senti-lo, discuti-lo, para depois decidir. É poder abrir-se às questões, denotando flexibilidade na forma de ver, pensar e agir. É poder ser refratário a qualquer apelo do outro, demonstrando interesse e capacidade de discussão. É considerar-se alguém que, independentemente dos anos vividos, tem dentro de si uma enorme vontade de aprender, de conhecer coisas novas, de compartilhar com o outro, permitindo-se enriquecer com as trocas. É viver intensamente cada momento (mesmo que seja até com as próprias dores). É não se sentir superior e/ou inferior ao próximo, em qualquer situação, simplesmente porque tem mais ou menos idade que ele. É não se prender às conservas do tempo, podendo ser espontâneo e criativo.

Existem estrelas no céu cujo brilho é apagado e se torna impossível sua visualização a olho nu (ou é possível vê-las apenas em algumas ocasiões). Há pessoas cuja "garra energética" não se evidencia durante toda ou quase toda a existência — conscientemente ou inconscientemente "arrastam" suas vidas e não vivem por real vontade de viver (não entro aqui no mérito das possíveis explicações psicopatológicas que estimulam a pensar em um diagnóstico). Por que alguns indivíduos (no que diz respeito exclusivo à questão da garra energética) são tão obtusos e outros tão brilhantes? Pode-se afirmar que em dias nublados não se costuma ver a estrela luminosa e, portanto, também pode-se dizer que aqueles indivíduos considerados "luminosos" hão de ter o seu dia de tristeza, de mau humor, de "briga com o mundo". Isso, entretanto, não tira deles o vigoroso desejo de viver, de continuar a ser e existir, de interiormente prosseguir com sua luminosidade aderida à própria alma. Já os "arrastados", os "mortos-vivos" são fechados para si mesmos e para o universo, independentemente de um dia de sol, um dia de chuva ou um dia nublado. Viver, para eles, é quase sempre "carregar" a vida, notavelmente pesada. Ou mesmo que claramente não dêem expressão a tal sentimento, parece não haver luminosidade suficiente para fazer brilhar essa vida.

A pessoa idosa "vivaz" tem um grande desejo de viver. Todos os seus atos são possuídos por uma força existencial. Fazendo novamente a analogia com as estrelas, poder-se-ia dizer que as emanações das pessoas consideradas luminosas variam tanto quanto o brilho das estrelas no céu, isto é, umas brilham mais, outras menos e outras não brilham (aparentemente). Essa característica do brilho é o viço da garra energética que denomino "vigor substancial" — é ele que proporciona a noção de medida da luminosidade de um indivíduo.

A descrição dessa metáfora, que no meu ponto de vista simboliza uma parte do *ser* que somos, é válida para toda nossa vida. Quando a velhice chega, ou está para chegar, é importante a detenção da "garra energética", pois é ela que diferenciará um idoso "vivaz" (com vontade de mudar e aceitando a psicoterapia) daquele que considera tudo absurdo e não sai do seu mundo caótico, pouco iluminado ou sem luz (que, ou não aceita nenhum tipo de tratamento, ou só consegue admitir o tratamento medicamentoso e, quiçá, algumas orientações).

Bergson, quando se refere ao chamado "*élan* vital", menciona que um homem, para perceber as mudanças do mundo, seus movimentos e seus matizes, precisa ser um sonhador; só assim ele é capaz de criar.

Moreno, por sua vez, quando fala do homem espontâneo-criador, enfatiza que o ser humano "encontra o seu ponto de partida, não fora, mas dentro de si mesmo" (130, p. 58). Se o idoso não iluminar o seu caminho, predispondo-se às novas tecnologias, costumes, conhecimentos e situações, transformar-se-á em uma pessoa misoneísta — aquele que tem verdadeira aversão a tudo quanto é novo; um neófobo, isto é, alguém inflexível e impermeável ao novo conhecimento que se lhe apresenta pela frente.

Esses idosos, fechados em si mesmos, ignoram que, embora maduros, já tendo vivido metade ou mais da metade de sua existência, deveriam vivenciar a vida sempre como um novo dia em que ainda é possível o homem desenvolver-se como pessoa, com direitos de criar, usufruir, experienciar. Caso contrário, seu relacionamento com pessoas de sua idade (ou mais jovens) tornar-se-á muito mais difícil, quiçá impossível.

Enfim, o idoso "vivaz" permite-se deixar fluir de dentro de si toda a espontaneidade e criatividade que ele sabe existentes na sua essência. Permite-se sonhar. Permite-se revitalizar a cada dia, abrindo seu âmago para *Re-olhar, Re-pensar* e *Re-sentir* o mundo ao seu redor, assim como *Re-animar-se* (diante do desconhecido), *Re-agir* (diante do inanimado), *Re-novar* (o obsoleto), *Re-criar* (a conserva), *Re-viver* (seu ser insigne).

4. Predisposição a tomada, desenvolvimento e reformulação de papéis sociais

O processo natural da existência de um homem é marcado por uma série de situações — umas fáceis, outras difíceis de resolução — que pressupõem ou obrigam a uma mudança, sem a qual ele sucumbiria. Conforme os anos vão se tornando maiores em termos de tempo vivido, o então idoso vai tendendo a se distanciar ou deixar de lado a tomada, o desenvolvimento e a reformulação de papéis.

Os papéis mais antigos indubitavelmente são os mais fáceis de serem assumidos. Eles são velhos conhecidos, pois praticamente acompanharam o indivíduo durante mais da metade de sua vida. Por esse motivo, em geral sua assunção não provoca problemas. Por exemplo: tomar o papel de pai, patrão, filho, tio, amigo, colega, professor, companheiro, etc. A ansiedade e o medo que poderiam despertar quando da posse desses papéis é bem menor.

A situação se mostra diferente quando entra em jogo a tomada de um novo papel (por exemplo: de avô, aposentado, viúvo), independentemente de ter sido imposto ou determinado pela sociedade ou pelas contingências vitais. Nesse caso a dificuldade de assumir um novo papel pode ser evidenciada, por exemplo, pelo surgimento de um sintoma, de um sentimento ou reação. O indivíduo poderá se mostrar fechado em si mesmo e não acreditar nas suas disposições e possibilidades, tendendo a se tornar um velho cansativo, desagradável e "sem vivacidade" (segundo a discussão feita no item anterior); não desenvolverá nenhum novo papel e viverá sua vida de modo corriqueiro e empobrecido.

Se, todavia, ele ainda tiver crença em si mesmo, coragem e disposição, e achar que merece viver mais dignamente, desenvolverá outros papéis, muitos dos quais ligados a sonhos do passado, irrealizáveis naquela ocasião, e hoje permitidos.

É claro que a reação diante do novo varia de indivíduo para indivíduo e do tipo de papel a ser assumido. Uma pessoa idosa pode achar ótimo tornar-se avô, assumindo esse papel com espontaneidade e tranqüilidade, e, entretanto, sentir verdadeiro temor — "só de pensar" — em ter de assumir o papel de aposentado.

Joana sempre teve vontade de pintar. Quando se aposentou e viu os filhos moços, já criados, correu a procurar aulas de pintura. Que alegria foi para ela ver o seu primeiro quadro terminado! Estes dois novos papéis (de aluna e aprendiz de pintora), desempenhados prazerosamente, possibilitaram-lhe o desenvolvimento de outros, como o de amiga, o de convidada para reuniões, o de anfitriã, o de aluna em outro curso. (As amigas que conheceu reuniam-se semanalmente para tomar chá, cada vez na casa de uma delas. Logo se enturmou e passou a fazer parte desse convívio. Em um dos contatos ficou sabendo de um curso de culinária, mais aperfeiçoado, que uma delas já freqüentava; interessou-se, inscreveu-se e passou a participar também das aulas.)

Ainda há aqueles casos em que o papel deve ser reformulado, ou seja, re-criado. Muitos são os indivíduos que perdem ou abandonam papéis. Poder-se-ia dizer, inclusive, que o velho é o ser humano (pela própria evolução da vida) que mais perde papéis, como por exemplo: o de casado (quando enviúva), o de patrão ou funcionário (quando se aposenta), o de motorista de carro (quando deixa de dirigir) e outros mais que poderiam ser citados.

Reformular papéis é formular (de novo), é deixar aparecer, manifestar-se (de novo) um papel. É, portanto, por extensão, criar novos papéis. Para se reformular ou mudar alguma coisa na vida é necessário que o espaço até então ocupado por aquilo que se tornou antigo seja preenchido com a criação de algo novo. A fórmula de vivenciar o papel é, portanto, re-vista, re-criada. É a nova articulação de um papel anteriormente existente e assumido de maneira diversa da que se propõe na atualidade.

Os processos efervescentes de mudança, que ocorrem na vida de qualquer ser humano, incluem as perdas e os abandonos. Esses aspectos não são fáceis de serem assimilados e, para tanto, pressupõe-se um tempo (não necessariamente existente e igual para todos) para a reformulação desses papéis perdidos e/ou abandonados.

O essencial é que esse tempo "interior", mais cedo ou mais tarde, abra caminho para a reformulação desses papéis, que serão assumidos e que possibilitarão a tomada e o desenvolvimento de outros novos.

Vê-se com isso que na realidade do idoso a questão de tomar, desenvolver e reformular papéis é muito entrelaçada e não dá para separar um aspecto do outro. Parece existir entre eles um tênue limite de separação quase invisível e ao mesmo tempo sobreposto.

Cito um exemplo com o qual espero poder aclarar este raciocínio.

Artur tem 54 anos, é professor, casado há mais ou menos quinze anos e tem uma filha de 14 anos. É feliz com sua família. Homem bastante ocupado, executa, a convites, diversos serviços ligados à área educacional. Nesse campo não tem dificuldade alguma em assumir papéis, mesmo que um novo convite lhe seja feito. Os papéis de marido e pai são também desempenhados com aparente facilidade. Em casa é totalmente dependente da esposa. É ela quem faz todos os trabalhos caseiros, quem auxilia a filha nos exercícios da escola, quem "cuida" do marido. Artur não desenvolveu nenhum papel no lar (por falta de vontade e de tempo). Não sabe cozinhar, não lava um prato, não passa uma camisa. O papel que assume, nesse caso, e do qual não gosta, é o de dependente e de homem objeto de cuidados. Portanto, os papéis de marido, pai, professor (ou similar) são conhecidos, fáceis de serem assumidos e não geradores de conflitos. Enquanto os papéis de dependente e de merecedor de cuidados são difíceis de serem assumidos, porque implicam, na sua visão, uma conotação depreciativa.

A esposa adoece gravemente de forma inesperada. Um câncer lhe permite viver poucos meses mais. O desespero de Artur começa a se evidenciar por ocasião do início da doença e aumenta à medida que esta evolui. Quando a esposa falece, Artur se desestrutura. Acha que não sobreviverá sem ela. Com quem dividirá agora suas alegrias e preocupações? Quem educará a filha? Quem cuidará dos afazeres domésticos?

Assumir o seu novo papel de viúvo, imposto pelo destino, o seu novo papel de cuidador (da filha e da casa), abandonar (contra a sua vontade) o de dependente e aceitar a perda de seu papel de marido e pai "mais à distância" é algo extremamente difícil e parece, a princípio, impossível de ser atingido. A angústia da separação cresce dentro dele.

Por meio de um tratamento medicamentoso consegue ir vivendo. Contrata uma empregada doméstica, objetiva mais suas funções profissionais (para que lhe sobre mais tempo de convivência com a filha) e inicia, dessa forma, o desenvolvimento de novos papéis (patrão e pai "mais próximo").

É assim que "sobrevive" por mais ou menos quatro meses, até que é encaminhado ao grupo.

O companheirismo, o afeto das pessoas, os trabalhos dramáticos que efetuou como protagonista e o tempo "interior" foram desenvolvendo em Artur a capacidade de reformular dentro de si alguns papéis, tais como: o de marido para o de viúvo, o de dependente para o de cuidador, o de pai alheio para o de pai próximo.

É nesse instante que surge aquele limite tão tênue citado anteriormente.

O que vem primeiro? A reformulação de antigos papéis ou o desenvolvimento de novos? E a assunção (desses novos papéis), aparece depois?

Para mim, nesse caso, no mesmo instante em que Artur foi reformulando interiormente seus papéis (de marido, pai alheio e dependente), foi desenvolvendo os papéis opostos (de viúvo, de pai próximo, de cuidador, de patrão). E, ao mesmo tempo em que foi podendo desenvolver esses papéis opostos, foi também assumindo-os, aceitando-os como os papéis atuais de sua existência.

Sem dúvida, a história de Artur poderia ter se encaminhado para outros oceanos, mas ele não deixou que isso acontecesse. Apesar de todo sofrimento vivenciado, lutou contra a forte maré e pôde dar-se o direito de continuar vivendo e se permitindo tomar, desenvolver e reformular papéis no seu processo vivencial.

II. CONTRA-INDICAÇÕES

1. Alterações orgânicas agudas e/ou graves

Aos pacientes que apresentam problemas orgânicos agudos e/ou graves é contra-indicado o tratamento psicoterápico grupal, em razão da condição limitante, a nível físico, que esses problemas desencadeiam.

Cuissard destaca que ele costuma contra-indicar a participação em grupo para os pacientes muito inválidos e com problemas clínicos graves porque "os companheiros de grupo têm tendência a eliminá-los, provavelmente porque não suportam a imagem de morte súbita ou de deterioração que esses pacientes lhes apresentam" (71, p. 61).

Na minha prática, tenho observado que as alterações mais comuns (que funcionam como empecilho ao grupo) são os problemas auditivos (surdez); os visuais (glaucoma, catarata, etc.), as afecções do aparelho osteoarticular que levam a uma restrição da função articular (doença reumatóide, artrite gotosa, osteoporose, etc.); os distúrbios cardiovasculares que, pela gravidade ou agudização do quadro, impedem o indivíduo de locomover-se ou realizar movimentos mais dinâmicos (insuficiência cardíaca).

Citarei os casos de duas pacientes que não suportaram dar continuidade ao tratamento psicoterápico basicamente em função dos seus problemas físicos.

- Silvia apresentava grave comprometimento auditivo em um dos ouvidos. Seu aparelho de surdez estava para ser comprado, mas em razão do seu grande estímulo pela psicoterapia propôs participar do grupo desde seu início, não querendo aguardar a chegada do aparelho. A sala onde o trabalho se realizava, naquela ocasião, tinha uma péssima acústica e eu lhe informei a respeito. Mesmo assim quis tentar, porém logo nas primeiras sessões comunicou ao grupo sentir-se impossibilitada de continuar o processo, contra a sua vontade, em razão de sua restrição auditiva.

- Áurea faltava muito às sessões devido principalmente a uma artrite reumatóide de que sofria há tempos. Quando havia agudização do quadro, a deambulação tornava-se difícil. Veio muitas vezes às sessões caminhando lentamente, apoiada a uma bengala. Apesar de seu grande interesse pelo tratamento, a dificuldade de deambulação somada às dores que freqüentemente sentia, mais o estorvo de tomar um táxi, e os bancos incômodos da sala de psicoterapia do hospital fizeram com que abandonasse o grupo aproximadamente seis meses depois do seu início.

Obviamente que, em alguns casos, é possível a remoção do problema orgânico mediante tratamentos clínicos ou cirúrgicos apropriados, ou ainda por meio de determinadas resoluções práticas, tais como: aparelho de surdez, operação de catarata, medicamentos para os quadros de agudização da doença reumática, etc. Quando isso pode ser solucionado e o indivíduo resgata o seu estado físico anterior (ou mesmo parte dele), mostrando disponibilidade e possibilidade para a retomada (ou início) do seu tratamento psicoterápico, nova avaliação deverá ser feita visando ao seu encaminhamento para um grupo disponível.

2. Incapacidade elaborativa por empobrecimento intelectual

O ser humano, conforme vai vivendo sua vida, paralelamente vai ganhando experiência.

À medida que ele alcança a maturidade ou a senescência, pressupõe-se que tenha atingido o conhecimento de uma série de dados e informações que funcionarão nessa época da vida, como frutos da sabedoria e da prudência.

Como diz Jaspers: "O que suporta a velhice é a veracidade da longa experiência existencial: se esta se realizou com seriedade, a velhice pode ganhar, consciente que esteja das transformações do mundo, uma estabilidade e, ao mesmo tempo, uma profundidade de sofrimento que são ambas estranhas à infância" (106, p. 848).

Muitas vezes vêem-se pessoas de idade mais avançada que, mesmo não tendo cursado colégios ou universidades, dão demonstrações de ricos e profundos conhecimentos, de serem capazes de perceber a si, as pessoas e o mundo com um refinamento perceptual invejável.

Em contrapartida, há aqueles que mesmo com muito estudo e diversos cursos universitários são incapazes de perceber e de captar o outro, de abstrair, de apreender os significados do inconsciente, de elaborar seu conteúdo latente, dificultando (ou mesmo impedindo) o processo de mudança. (Diga-se de passagem que tais características não são exclusivas do ser idoso; também são encontradas em adultos jovens. Provavelmente o jovem que venha a apresentá-las é um forte candidato à cristalização desses aspectos.)

Cattell refere que a inteligência do idoso está dividida em duas categorias gerais, assim denominadas:

1. *Atitude fluida*: é condicionada ao fator hereditário, portanto livre da influência sociocultural, e está relacionada às provas de habilidade e rapidez para novos estímulos e novas relações (mais própria nos jovens). A tendência é que esse processo atinja um pico máximo aos 14, 15 anos e vá declinando com o passar do tempo.

2. *Atitude cristalizada*: depende muito mais das influências socioculturais do que da idade cronológica e da herança genética. Seu cume é atingido entre os 14 e os 20 anos e, dependendo da cultura, permanece em alta até pelo menos os 75 anos. Está relacionada às questões do juízo, da fluidez verbal, do vocabulário e da perspicácia para administrar o acúmulo de experiências e a ampliação das relações já existentes.

Para Solomon, a inteligência é definida como "a capacidade para resolver problemas, adaptar-se a novas situações, formar conceitos abstratos e aproveitar de experiências prévias" (175, p. 561). Complementa explicando que a criança permanece totalmente dependente do outro durante longo tempo, em função do estado de indiferenciação do seu cérebro. Nesse período, a influência ambiental se apresenta como determinante do seu desenvolvimento intelectual. Considera que o potencial intelectual é influenciado pelo aspecto biológico, enquanto o funcionamento (intelectual) é a soma do biológico mais o ambiente. Enfatiza ainda que o funcionamento intelectual torna-se fixo a partir do momento em que a criança vai atingindo a maturidade.

Tomando por base o que foi referido, poder-se-ia dizer que o idoso com baixo potencial de inteligência, reduzido nível de funcionamento intelectual, pouca ou nenhuma capacidade para pensar, entender, assimilar, julgar, abstrair, perceber, criar, dar sentido, integrar, elaborar os fenômenos naturais da vida, sem espontaneidade e vivacidade de pensamento, sem disponibilidade para o conhecimento, sem qualquer aptidão essencial ao homem ou qualquer outro fator que complemente o conceito de inteligência, não tem possibilidade alguma de participar de um processo psicoterápico, ainda mais se este for grupal.

3. Transtornos mentais

Neste item considero importante ressaltar que, embora tenha tomado por base, fundamentalmente, os critérios do CID-10 (Classificação de Transtornos Mentais e de Comportamento), do DSM-III-R (Diagnostic and Statistical Manual of Mental Disorders), e dos autores americanos (Kaplan e Sadock; Talbott et al.), deixei propositadamente de lado certos transbornos que considerei de aparecimento menos freqüente na terceira idade. Faço referência aos seguintes:

- Transtornos de personalidade;
- Transtornos psicóticos;
- Transtornos mentais orgânicos; e
- Transtornos do humor (afetivos).

TRANSTORNOS DE PERSONALIDADE

São vários os transtornos de personalidade, porém pretendo ater-me, aqui, apenas a três tipos deles, por considerá-los mais prováveis de surgimento entre os idosos.

a) *Transtorno de personalidade narcisista*: é caracterizado por expressão de grandiosidade, incapacidade de empatizar com as pessoas e comportamento egocêntrico. Preocupa-se com fantasias de sucesso, assim como com outras ligadas ao poder, à beleza, ao brilhantismo, ao amor ideal. Considera-se pessoa "especial", "muito importante", requerendo freqüente admiração e atenção do outro, esperando que este o trate com reverência. Seus problemas são únicos e somente as pessoas especiais, como ele, são capazes de compreendê-lo. Mesmo que não demonstre seus sentimentos, reage às críticas com raiva, vergonha ou humilhação. Falta-lhe a capacidade para reconhecer os sentimentos alheios e sempre quer levar vantagem em tudo, apresentando conduta egoísta e exploradora. Embora se posicione de modo arrogante diante dos outros, inveja-os, mesmo aqueles que vivem uma vida aparentemente simples.

b) *Transtorno de personalidade paranóide*: em geral, os indivíduos com tal distúrbio são persistentemente desconfiados, hipersensíveis a contratempos e a críticas, interpretando-as sempre como mal-intencionadas e hostis. São demasiadamente rancorosos, patologicamente ciumentos e querelantes desmedidos. São extraordinariamente auto-referentes, suspeitando de tudo e de todos e colocam-se continuamente na defensiva. Não aceitam as desculpas do outro e, se rejeitados, consideram erroneamente a atitude alheia, distorcendo as possíveis explicações a respeito.

c) *Transtorno de personalidade anti-social*: neste quadro incluem-se as pessoas que se caracterizam por atitudes irresponsáveis e desrespeito a qualquer tipo de norma, lei ou obrigação social. São insensivelmente indiferentes aos sentimentos dos outros, mostrando-se incapazes de manter relacionamentos, apesar de não ser difícil para elas estabelecer contatos. Não toleram ser frustradas, reagindo, muitas vezes, com violência a situações desse tipo. Costumam culpar os outros pelos atos cometidos, isentando-se assim de experimentar sua própria culpa e não aprendem quando são punidos.

Neste momento discorrerei com um pouco mais de detalhes sobre o *transtorno de personalidade narcisista*, por tratar-se de quadro de surgimento mais comum na terceira idade, em comparação com os outros dois selecionados, e reservarei, mais adiante, um capítulo sobre o "narcisismo na terceira idade" (veja o Capítulo 5).

É de conhecimento geral que a personalidade começa a ser moldada na infância e vai se estruturando com o passar dos anos. Sabe-se também que, em geral, o envelhecimento é diretamente proporcional à acentuação dos traços de personalidade. Pode-se, portanto, presenciar, por exemplo, um jovem que foi exigente e mal-humorado transformar-se em um idoso autoritário e ranzinza; um exclusivista em um egoísta; um sedutor em um manipulador; um lamuriante em um autocomiserativo, e assim por diante.

Apesar desse conhecimento, sempre se deseja e se espera que a estruturação de uma personalidade se faça de modo a não haver tamanha solidificação que impeça o ser humano de promover, em si mesmo, modificações, e que os mecanismos de defesa maduros utilizados no decorrer da fase adulta auxiliem o idoso a enfrentar de forma menos conflitiva as eventualidades do processo de vida.

Se essa personalidade tornar-se excessivamente sedimentada, com defesas estruturadas (como explicarei com mais pormenores no Capítulo 5), o indivíduo tenderá ao dogmatismo, a um conservadorismo marcante, ao autoritarismo. Mostrar-se-á intolerante a qualquer tipo de abordagem ou comentário, muitas vezes raivoso ou mesmo rabugento, o "dono da verdade", com certezas indiscutíveis e idéias preconcebidas e rígidas. Apresentará um comportamento essencialmente egocêntrico, preocupando-se somente com seus desejos, sendo incapaz de relacionar-se empaticamente com o outro e aproveitando-se das situações para tirar vantagem e explorar as pessoas ao seu redor.

Esses velhos egoístas não admitem seus erros, além do que também valem-se de determinadas circunstâncias para fazer chantagem contra o outro, manipulando-o de forma que sejamos levados a pensar que é o outro, sim, o errado. Prendem-se a critérios fixos e intocáveis, colocando-se como possuidores de mais sabedoria, conhecimento e experiência que o mais jovem.

Vê-se, por conseguinte, que o idoso com esse tipo de transtorno não terá oportunidade de aproveitar um tratamento psicoterápico em grupo (porém poderá ter chance, embora não muito grande, de tirar proveito do tratamento individual).

Prates da Silveira e Silva Bento referem que determinados idosos não aceitam a ajuda psicoterápica e acabam por desqualificar o terapeuta apresentando racionalizações (por exemplo: "já sou muito vivido") que são fruto de uma projeção dos seus próprios sentimentos de inaptidão. Para servir como ilustração, relato aqui dois casos de transtorno de personalidade narcisista. O primeiro deles é de um senhor, a quem chamarei Lúcio, de aproximadamente 62 anos. Apresentava queixas de muita ansiedade e insônia, além de dificuldades no relacionamento com os membros de sua família. Na ocasião, mediquei-lhe com ansiolítico e hipnótico, marcando-lhe retornos periódicos. Quando iniciei as entrevistas para o primeiro grupo, chamei-o à participação. Mostrou-se relutante, mas resolveu "experimentar" (como dizia). Logo nas primeiras sessões, começou a se mostrar obstinado, rígido, dogmático, o "dono da verdade", o único a ter razão. Não aceitava as ponderações que vinham dos companheiros de grupo, e as intervenções da minha parte, feitas diretamente ou através de recursos técnicos psicodramáticos (como o uso do "duplo"), não surtiam efeito. Suas observações eram inflexíveis e ficava claro o quanto lidava com todos os participantes (inclusive comigo) de modo transferencial: ora representávamos sua esposa, ora suas filhas, ora uma figura ameaçadora (pela sua história de vida, provavelmente seu pai). Valorizava apenas a medicação como auxílio e esperava, particularmente de mim, uma solução mágica para seus problemas familiares.

O grupo sentia-se ao mesmo tempo tolhido, surpreso e revoltado com Lúcio, e exibia reações de constrangimento e retração diante de seu autoritarismo. Não havia clima protagônico e a sociometria evidenciava um sinal negativo (rechaço) pela sua pessoa.

Para que não continuasse nessa posição sociométrica isolada, sem mutualidades positivas, convoquei-o, após algumas sessões, para um contato individual e propus a ele seu afastamento do grupo. Pela primeira vez considerou minha atitude acertada (!).

Os outros pacientes respiraram aliviados quando fiz a comunicação da sua saída, porém, durante um tempo razoável, Lúcio esteve "presente" a algumas das sessões seguintes. As características de sua personalidade, bem como de sua conduta, levantaram uma série de questionamentos nos participantes, que trouxeram rico material para trabalho psicodramático, mediante as identificações com atitudes suas e/ou com as de certas figuras familiares.

O segundo caso é o de Paula, 55 anos, estrangeira (residia no Brasil havia 34 anos). Casada há apenas dez anos, trabalhava como funcionária de uma determinada Secretaria do Estado e não tinha filhos. Era uma paciente com várias passagens pelo Ambulatório de Psiquiatria do Hospital do Servidor Público Estadual. Por diversas vezes havia sido encaminhada, por outros colegas, à psicoterapia individual, em outras instituições que atendiam gratuitamente (queixava-se de sua condição econômica desfavorecida que não lhe permitia tratamento particular, o que em princípio parecia não condizer com a verdade devido ao requinte com que se vestia). Sempre negou-se a procurar esse tipo de atendimento desculpando-se com respostas vagas e frouxas, que não convenciam. Entretanto, apesar de seus acentuados traços de personalidade, era tão grande o seu interesse e a sua insistência em participar do grupo de psicoterapia, que resolvi incluí-la.

Nas sessões em que esteve presente costumava manipular a atenção, querendo que todos a ouvissem e compreendessem seu desespero. Colocava-se como sofredora e tentava atrair para si o sentimento de comiseração dos demais. Extremamente egoísta, não via e não ouvia os comentários e compartilhamentos do outro. Não aceitava minhas abordagens e as propostas dramáticas caíam no vazio, fazendo parecer que não haviam sido feitas. Depois de dois meses abandonou o grupo sem se despedir, o que, como no caso de Lúcio, foi um alívio para todos, apesar dos "fantasmas" que precisaram ser trabalhados posteriormente.

As duas situações tentam expressar como é difícil, para um grupo, lidar com pessoas que apresentam características narcisistas. Ele não progride e os participantes começam a se tolher, a se incomodar, a se revoltar, a ter o desejo (consciente ou inconsciente) de expulsão do outro, e o trabalho com aqueles indivíduos (como Lúcio e Paula) fica praticamente impossível. Um sujeito que ignora o outro, que não o escuta, que não lhe dá atenção, que requer constante consideração, que é incapaz de reconhecer e experimentar os sentimentos alheios (enfim, que apresenta todas ou quase todas as particularidades desse tipo de personalidade), é sociometricamente indesejável, e a força grupal acaba por eliminá-lo da participação no grupo.

TRANSTORNOS PSICÓTICOS

Os transtornos psicóticos mais comumente encontrados na terceira idade e para os quais é contra-indicada a participação em grupo são os seguintes:

a) esquizofrenia;

b) transtorno delirante (pode ser desencadeado por estresse físico ou psicológico, perda de ente querido, aposentadoria, doença física debilitante ou cirurgia, medicamentos, alcoolismo, transtornos depressivos, etc.);

c) transtorno delirante paranóide de início tardio (também denominado "parafrenia").

Abstenho-me de conceituar, ou mesmo discutir, cada uma dessas patologias por considerar que estaria fugindo demasiadamente do mérito deste trabalho. Entretanto, é importante frisar que o psicoterapeuta, obviamente, não poderá encaminhar o paciente ao grupo caso este esteja apresentando uma crise aguda psicótica. Por outro lado, se um paciente já participante do grupo vier a apresentar um surto (seja ele o primeiro seja uma reagudização do seu transtorno psicótico), o seu afastamento, temporário ou definitivo, deverá ser providenciado imediatamente. Após a estabilização de seu quadro, nova avaliação deverá ser feita pelo psicoterapeuta com o intuito de estimar sua reinserção (ou não) no grupo.

Deve-se levar em conta que um dos propósitos da psicoterapia psicodramática grupal é dilatar as possibilidades de comunicação e relação dos indivíduos, ampliando sua rede sociométrica e seus papéis sociais. No momento em que o idoso adentra em um mundo diferente do da realidade (com exteriorização de sintomas psicóticos), o seu mundo interno caótico prejudica ou mesmo impossibilita a troca afetiva, de maneira criteriosa, com o outro.

TRANSTORNOS MENTAIS ORGÂNICOS

Blay enfatiza que o surgimento dos quadros demenciais aumenta consideravelmente com a idade e Ey afirma que à medida que a longevidade aumenta, maior a freqüência da demência senil. Kaplan acentua que 5% dos norte-americanos com mais de 65 anos apresentam certo grau de demência e 10% apresentam demência leve.

Desafortunadamente, o indivíduo pode, estando na pré-senilidade ou na senilidade, apresentar um dos quadros abaixo relacionados:

1. As demências
   a) doença de Alzheimer;
   b) demência vascular (antiga demência arteriosclerótica);
   c) doença de Pick;
   d) doença de Creuzfeldt — Jakob;
   e) doença de Huntington;
   f) hidrocefalia de pressão normal.

Em geral, em todos esses quadros existe uma deterioração psíquica com alterações na aparência, higiene pessoal, memória, linguagem, atenção, percepção, raciocínio e julgamento. Pode também haver distúrbio do sono, da orientação têmporoespacial e déficits intelectuais. A afetividade também está comprometida e o idoso pode ainda apresentar distúrbios do comportamento, tais como: inquietações, irritabilidades, explosões de humor, agitação psicomotora. Como se vê, nenhuma função vital escapa à agressão cerebral. Todas elas são atingidas globalmente, em maior ou menor proporção, dependendo da demência e do estágio evolutivo.

Portanto, esses quadros demenciais justificam, por si mesmos, a impossibilidade de a pessoa idosa deteriorada vir a fazer parte de um grupo psicoterápico.

2. *Delirium* (ou síndrome psicorgânica aguda ou síndrome cerebral aguda ou estado confusional não alcoólico): é uma síndrome mental orgânica caracterizada por perturbações no estado de consciência, atenção, memória, pensamento, percepção, comportamento psicomotor, emoção e ciclo sono-vigília.

TRANSTORNOS DO HUMOR (AFETIVOS)

Essa categoria refere-se àqueles casos em que há uma alteração do humor ou afeto, tanto para a depressão (com ou sem ansiedade) como para a elação. São eles:

1. Episódio maníaco
   a) mania sem sintomas psicóticos;
   b) mania com sintomas psicóticos.

2. Transtorno afetivo bipolar
   a) episódio atual maníaco sem sintomas psicóticos;
   b) episódio atual maníaco com sintomas psicóticos;
   c) episódio atual depressivo grave sem sintomas psicóticos;
   d) episódio atual depressivo grave com sintomas psicóticos;
   e) episódio atual misto.

3. Episódio depressivo
   a) episódio depressivo grave sem sintomas psicóticos;
   b) episódio depressivo grave com sintomas psicóticos.

4. Transtorno depressivo recorrente
   a) episódio atual grave sem sintomas psicóticos;
   b) episódio atual grave com sintomas psicóticos.

Apenas para ilustrar, relato aqui o caso de uma paciente, que denominarei Laura, de 64 anos, que apresentava um diagnóstico (anterior à sua entrada no grupo) de "transtorno afetivo bipolar, atualmente em remissão", o que representava não estar manifestando, por um espaço de tempo, nenhum comprometimento mais significativo do humor, podendo, portanto, tomar parte na atividade. Ela era assídua freqüentadora do grupo e sua participação era bastante dinâmica. Certa vez entrou em grave crise de depressão, mostrando-se com humor deprimido, apática, desinteressada por tudo ao seu redor, astênica, desatenta, ansiosa, com medos aparentemente inexplicáveis, baixa auto-estima, sentimento de inutilidade, desejo de morte, inibição psicomotora (para qualquer ação comum, tipo levantar-se da cama, cuidados com a higiene), choros sentidos (intercalados com risos de certo puerilismo histriônico), idéias hipocondríacas e deliróides. Necessitou ser afastada temporariamente do grupo, por minha orientação e por seu próprio desejo. Continuou seu tratamento individualmente e com retaguarda medicamentosa. Após pouco mais de um mês, retornou ao grupo, embora ainda mostrando-se com uma certa apatia e aparentemente desinteressada dos acontecimentos e das pessoas. Sua freqüência às sessões permaneceu constante e, aos poucos, foi se interessando pelos companheiros e participando, paulatinamente, do trabalho psicodramático. Os elementos do grupo, por sua vez, tentavam estimulá-la com palavras, carinho e considerações a respeito de seu estado. Agiam espontaneamente e compartilhavam com ela as aflições sentidas por ocasião de história depressiva na família (ou de sua própria depressão), bem como das dúvidas que apresentavam em relação a questões ligadas à doença. Pode-se dizer que o grupo exerceu naturalmente uma função extraordinária na reabilitação da paciente: a de ego-auxiliar. Em contrapartida, indiretamente, Laura auxiliou os companheiros a entrarem em contato com seus medos (da doença, da loucura, da perda, etc.) e a desenvolverem capacidade para lidar com eles.

D. A sessão de gerontodrama grupal

Embora hoje o termo "Gerontodrama" aplique-se não somente à psicoterapia psicodramática grupal (como referido na "Introdução"), desejo ressaltar que vou me limitar, nesta seção, à experiência exclusiva com grupos de terceira idade.

É também importante salientar que a sessão de Gerontodrama não se diferencia fundamentalmente das outras sessões de psicoterapia psicodramática em grupo com pacientes adultos jovens.

Em primeiro lugar falarei a respeito das características dos grupos de Gerontodrama.

Em geral, no decorrer dos seus processos, eles têm se apresentado na prática como grupos de tipo "fraterno" e "democrático" (segundo classificação apontada por Castello de Almeida).

O grupo fraterno é aquele "onde sobressai a decisão de ajuda mútua, solidariedade, ausência de disputas e boa identificação com o companheiro" (46). No grupo democrático "todos participam de forma responsável e construtiva (...) é sempre saudavelmente aberto, isto é, receptivo a trocas..." (46). Embora o autor considere que, dependendo dos interesses, motivações e necessidades do grupo, ele tende a mudar periodicamente de característica, nos grupos de terceira idade os tipos "autoritário", "desorganizado" e "destrutivo" raramente ou nunca são observados.

No início do processo psicoterápico eles apresentam algumas particularidades de "mágico", não propriamente por comportamentos ou características religiosas, mas porque esperam da terapeuta a salvação para suas aflições; ela e somente ela será capaz de resolver seus conflitos. Com o passar do tempo vão desmistificando a sua figura extinguindo com a imagem do "poder mágico" da terapeuta. Também podem apresentar-se como grupos "fechados", isto é, uma espécie de confraria da qual fazem parte como grupo exclusivo e insólito, cujo inimigo comum é o envelhecimento e a morte. Posteriormente, com o desenvolvimento do processo psicoterápico, esses inimigos vão se tornando menos monstruosos e ameaçadores. Como conseqüência, suas fantasias fóbicas vão tendendo a diminuir e vai havendo mais espaço para o resgate de sua segurança e autoconfiança. Entretanto, a singularidade de serem velhos ou de estarem na terceira idade continua existindo, facultando aos grupos características de comunidade, ou como diz Moreno (129, p. 93), "de grupos homogêneos".

Em segundo lugar, no que diz respeito à operalização da sessão, devo chamar a atenção para os seguintes aspectos da prática psicodramática: contextos, instrumentos e etapas.

a. CONTEXTOS

Assim como no Psicodrama, o Gerontodrama é constituído de três contextos:

Contexto social — composto pela realidade social tal como ela se apresenta no momento.
Contexto grupal — composto por todo o grupo terapêutico.
Contexto dramático — composto pela vivência dramática no "como se".

Eva comenta que "o trabalho se dá em contexto dramático, inserido num contexto grupal, que, por sua vez, se insere num contexto social" (76). Esquematicamente, pode-se mostrar esses contextos por meio da seguinte ilustração:

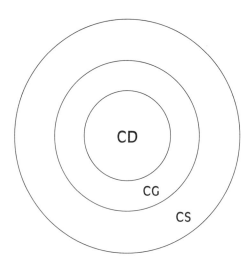

CS — Contexto social
CG — Contexto grupal
CD — Contexto dramático

Para ele, só é possível atingir o contexto dramático se os contextos grupal e social forem permeáveis, ou seja, se não existirem tensões ou conflitos nesses campos. Quando um grupo de idosos está no início do processo terapêutico, os contextos social e grupal são, geralmente, pouco permeáveis. O medo do ridículo, o medo do desconhecido, a insegurança, a timidez, etc., reforçados ou desencadeados pelas fantasias inconscientes, levam a uma dificuldade de entendimento da proposta dramática (esta não ultrapassa o limiar de resistência dos integrantes do grupo), tornando o acesso ao contexto dramático mais difícil. As sessões tendem a permanecer no plano verbal durante certo tempo. As propostas dramáticas que são colocadas se diluem com comentários paralelos, ou são mesmo recusadas. Conforme o grupo vai evoluindo e suas fantasias vão se tornando menores, as tensões também diminuem, a confiança nos colegas aumenta e, conseqüentemente, os contextos social e grupal vão se tornando mais permeáveis e os projetos dramáticos mais facilmente aceitos.

b. INSTRUMENTOS

Os cinco instrumentos fundamentais são:

1. *Paciente ou protagonista*: tomando por base a "estrutura caracterológica" (33, p. 61) dos pacientes que, segundo Bustos, seria a capacidade do indivíduo de tomar um determinado papel com mais rapidez que o outro, poder-se-ia dizer que grande parte dos idosos apresenta maior dificuldade do que os jovens de tomar papéis, independentemente de quais sejam. Não dá para afirmar que a plasticidade de um geronto (para tomar um papel) seja menor que a de um jovem, mas ela é, sem dúvida, diferente em qualidade e vigor substancial.[1] O idoso histérico tem mais plasticidade para o desempenho de papéis, enquanto o obsessivo, o idoso fóbico e o deprimido apresentam maiores dificuldades.

2. *Terapeuta ou diretor*: Neste tempo de mais de quinze anos tem sido necessário adotar, como atitude terapêutica, uma postura mais diretiva nos grupos, isto é, sou eu, quase sempre, que acabo apontando ou fazendo a proposta dramática aos pacientes, seja ela com protagonista ou com o grupo como um todo. Para eles, geralmente, é difícil a proposição espontânea de dramatização.
Entretanto, não deixo de enfatizar sempre a importância do propósito dramático vindo deles, espontaneamente. Cuissard menciona que os pacientes de grupo consideram o terapeuta como "possuidor da verdade" (71, p. 63).
Não quero nem pretendo assumir esse papel, nem tampouco não o de "filha boazinha" que sabe o que é melhor para eles. Tento sempre desmistificar a figura da terapeuta, reforçando o valor da independência e do ato criador.
Quando chegam a propor algo, mais freqüentemente o fazem particularizando os jogos dramáticos. Propor-se como protagonista de um determinado tema pessoal é bastante difícil. Quando faço proposta desse tipo (nos grupos iniciantes), ela é, em geral, aceita mas com considerações que denotam medo: "A senhora me explica como faço isso?" ou "Será que vou conseguir?" e outras questões desse mesmo teor.
Há um outro dado significativo a comentar quanto à postura da terapeuta. Nos grupos de idosos as dúvidas médicas, psicológicas ou si-

---

1. Aqui definido como a essência da energia vital, o viço, o brilho energético de cada um (vide descrição sobre "Personalidade idosa 'vivaz'" , p. 61).

milares suscitam muita ansiedade. Eles constatam, por um lado, que quando mais jovens não tiveram a possibilidade ou a curiosidade de se informarem (ou de saber alguma coisa) a respeito. Por outro lado, nesse momento das suas vidas, a quem interrogar? Nem sempre os médicos de outras especialidades lhes dão atenção suficiente. Nem sempre os familiares têm paciência para lhes responder (ou não sabem fazê-lo). Então, a pergunta acaba sendo dirigida à terapeuta. Não faço nenhuma restrição a essas informações no grupo de idosos. Toda vez que vejo a curiosidade e a ansiedade estampadas em seus rostos e nas suas falas, esclareço suas dúvidas. Em geral sentem-se aliviados e agradecidos com as explicações, mesmo que essas, às vezes, não tragam boa notícia (o que requer trabalho terapêutico mais amplo).

3. *Ego-auxiliar*: Não utilizo nenhum profissional habilitado nos grupos de Gerontodrama, particularmente por um único fator, o econômico, que funciona como restrição à sua introdução. Uma única vez, ainda no hospital, uma residente de Psiquiatria pediu-me para participar de um grupo, como ego-auxiliar, o que aceitei de imediato. Penso que a experiência foi válida e seria bastante produtivo poder contar com egos-auxiliares nos grupos. Provavelmente, a sua presença seria estimulante para os pacientes, que se sentiriam com maior suporte dramático. Como o interesse pelo Gerontodrama ainda não é grande e pela questão econômica referida, os egos-auxiliares são formados pelos próprios pacientes do grupo, o que também não deixa de ter seu peso de importância, porque assim eles acabam por se sentir úteis aos demais e responsáveis, até certo ponto, pelo bom desenvolvimento da dramatização.
Nos grupos não processuais, com finalidade mais informativa e didática, que tenho feito em instituições públicas, utilizo ego-auxiliar habilitado.

4. *Cenário*: O campo terapêutico do Gerontodrama, onde são montadas as cenas pertinentes ao trabalho dramático proposto, nada tem de diferente a acrescentar de outros cenários. Talvez valha a pena mencionar que no início do processo eles se sentem mais inibidos de utilizar todos os recursos possíveis da sala, fazendo maior uso dos seus objetos pessoais. Com o decorrer do tempo, o cenário torna-se mais criativo.

5. *Auditório*: É constituído pelos demais pacientes que não participam da cena como ego-auxiliar.

C. ETAPAS

As etapas de uma sessão de Gerontodrama ocorrem tal qual numa sessão de Psicodrama.

1. Aquecimento

Aquecimento inespecífico: — Muitas vezes esse aquecimento já começa a acontecer na própria sala de espera, continuando na sala de psicoterapia. Em outras ocasiões, ele se dá dentro da sala psicoterápica. Na maior parte das vezes há algumas diferenças entre os chamados grupos iniciantes (até seis meses) e os grupos em processo mais longo (acima desse tempo),[2] e que, para fins didáticos, abreviarei respectivamente de G.I. e G.P.L.

• *G.I.* — há uma tendência geral nesta fase de:

a) Deixar que o outro tome primeiro a palavra, principalmente se o tema é pessoal, íntimo. Quando a temática é generalizada, isto é, fala-se do trânsito, do aumento de salário, dos assaltos, etc., é menos difícil se introduzir no diálogo, ou ser o primeiro a contar alguma coisa.

b) Dar conselhos, sugestões ou receitas e endereços (de médicos, instituições, etc.).

c) Pedir a minha autorização para fazer uma pergunta qualquer ou para tomar a palavra, por exemplo: "Posso perguntar uma coisa para ela?" ou "Posso contar uma coisa que aconteceu com o meu filho ontem?", e assim por diante.

d) Comentar com o outro situações alheias de familiares ou amigos, que passaram por um determinado problema (semelhante àquele que está sendo contado). Se a questão foi solucionada, o idoso supõe que o mesmo esquema deva ser seguido pelo colega de grupo (como se problemas semelhantes devessem ter resoluções semelhantes).

e) Utilizar a fala e a palavra como aquecimento.

---

2. Faço essa distinção apenas para servir como ponto de referência. Acrescento que também devem ser considerados grupos iniciantes (G.I.) todos aqueles que forem modificados, no decorrer do processo, pela introdução de um ou mais elementos novos.

- *G.P.L.* — quanto à maioria das sessões, pode-se dizer dos idosos:

a) Chegam aquecidos para "falar" de um tema pessoal.

b) Os conselhos, oferecimentos, sugestões diminuem.

c) Reduzem bastante o pedido de autorização para falar ou perguntar (mas nem todos conseguem eliminar de vez esse hábito).

d) Comentam mais de coisas pessoais, mostrando um compromisso maior com o grupo.

e) O aquecimento inespecífico continua sendo verbal.

Aquecimento específico: Aqui também há diferenças entre o chamado grupo iniciante (G.I.) e o grupo com processo mais longo (G.P.L.).

- *G.I.* — Não é comum as pessoas dramatizarem com facilidade, ainda mais quando elas atingem ou estão na terceira idade. O bloqueio para a dramatização se estende à linguagem psicodramática. Numa proposta de trocar de papel com o outro, por exemplo, o indivíduo pergunta: "Mas eu vou ser ela? De que jeito? Tenho de falar e fazer como ela faz? Eu não vou me lembrar de tudo o que ela disse; eu não sei o que ela pensa...". Isso, muitas vezes, acaba por prolongar o início do aquecimento, razão pela qual resolvi, depois de algum tempo trabalhando com grupos, tomar a seguinte iniciativa. Antes de o indivíduo montar a primeira cena ou começar com questões como as acima citadas, enfatizo para ele alguns pontos principais:

a) A dramatização não é uma cópia do acontecimento passado. Ninguém é capaz de rememorar com nitidez e perfeição o acontecido anteriormente, tal qual ele existiu. (Muitas vezes ele ficava com a idéia de que o problema de não se lembrar com exatidão do fato passado era em razão, exclusivamente, do seu envelhecimento.)

b) Deixar fluir espontaneamente as lembranças e valorizar os dados relembrados no "aqui e agora".

c) Na tomada de um papel não exagerar a representação a ponto de transformá-la em caricatura da pessoa. O importante é poder entrar em contato com as impressões, sentimentos e idéias do outro e transmiti-las à maneira que supostamente ele o faria.

d) No instante dramático levar em conta os seguintes dados:

— Os que tenha presenciado, visto ou ouvido (e, portanto, quase sempre tenha certeza da forma como aconteceram).

— Os que tenha conhecimento mediante informação alheia (pelos familiares, amigos, etc.).

— Os que perceba e capte do outro.

— Os que, mesmo sem informação alguma, imagine do outro.

• *G.P.L.* — A partir dessas explicações (que inúmeras vezes são colocadas aos participantes), a dificuldade em entender as mensagens ou consignas psicodramáticas torna-se menor e o aquecimento específico pode se desenvolver com menor grau de resistência.

2. Dramatização

Dramatizar situações tão distanciadamente colocadas no passado é, para o idoso, motivo de medo e ansiedade. *A priori*, em condição não terapêutica, ele "deixaria de lado" ou "tentaria apagar de sua memória" (se conseguisse) aquele episódio tão traumatizante. Na situação terapêutica isso é altamente promovedor do aumento da ansiedade e, como conseqüência, há a diminuição da espontaneidade, dificultando a tomada de determinado papel.

O psicanalista Cuissard diz: "... a esta idade (referindo-se à terceira) é inútil e até cruel fazer com que um paciente tome consciência de tudo o que perdeu ou lhe fez mal na sua vida, durante a maior parte dela, e é melhor limitar-se a modificações que possam enriquecer seus últimos anos em utilidade e felicidade" (71).

Cada indivíduo tem sua própria capacidade de decisão, sua curiosidade e seus próprios limites. Decidirmos por eles, se devem ou não conscientizar-se disso ou daquilo, se devem ou não mudar, se querem ou não descobrir coisas a seu respeito, é fazer de conta que eles não têm mais condições de deliberação, é corroborar com a idéia de que realmente são incapazes para tomar decisões.

Aqueles a quem chamei de "idosos vivazes" provavelmente, mesmo com medo e insegurança, vão querer tomar conhecimento de mistérios e causas inconscientes e poderão conviver bem com isso.

Até hoje não vi nenhum paciente que apresentasse piora do seu quadro depois de fazer suas ilações ou conscientizar-se de maldades ou erros cometidos e recebidos durante a sua vida; muito pelo contrário, o trabalho terapêutico só tem ajudado a melhorar e a mudar suas atitudes e seus comportamentos.

Ilustro esse aspecto com um exemplo.

Uma paciente de 72 anos, que denominarei Estela, dramatizava um medo de dormir de luz apagada. Toda noite deixava acesa uma pequena lâmpada (dessas que se liga diretamente à tomada elétrica) e lhe dava as costas, porque tinha a sensação de que, se virasse o corpo em direção a ela e lhe dirigisse o olhar, "alguma coisa aconteceria". Poderia, talvez, aparecer na sua frente "um ladrão, uma alma...". Achava esse seu medo extremamente ridículo, mas não conseguia libertar-se dele.

Na dramatização "a alma" é identificada com a do marido, de quem era viúva havia dois anos. (Aqui tem o primeiro *"insight* dramático" ao se dar conta de que foi a partir da morte do cônjuge que começou a usar a lâmpada.) Tomando o papel do marido, este conta que é muito parecido com o pai da própria Estela, que (assim como o marido) fez a filha sofrer muito. Conforme a cena vai se desenrolando, no retorno ao seu papel, Estela vai sentindo mágoa, raiva, medo, culpa, sentimento de injustiça que se misturam e se intercalam. Emociona-se e chora. O confrontamento com aquelas duas figuras masculinas se faz necessário. Estela enfrenta o pai à sua maneira, tentando expulsar os sentimentos ruins em relação a ele, mas o marido ela quer "poupar" (como assim diz). Não quer entrar em contato com todas as suas malvadezas. Precisa continuar "mentindo" a si mesma, pelo menos por enquanto. Não quer pensar nos "cinqüenta anos que pode ter perdido permanecendo casada com ele". E só consegue lhe dirigir, emocionada, algumas palavras. Pede-lhe que a deixe em paz para sempre para que possa dormir bem à noite. Depois de dois anos consegue, finalmente, despedir-se do marido!

Na semana seguinte volta radiante: "Que bom foi dramatizar!". Durante a semana seu medo havia desaparecido "quase que completamente"; houve noites em que nem se deu conta dele e algumas outras em que ele apareceu "bem pequenininho".

Esse caso complementa o que eu dizia anteriormente. A paciente foi quem colocou seus próprios limites no desenvolvimento da cena. Seria muito doloroso para ela extinguir de uma vez por todas com a imagem que até então fazia do marido.

O medo de dormir com a luz apagada estava ligado à fantasia que conservava consigo de que ele pudesse voltar para fazer-lhe algum outro mal, inclusive "levá-la embora", isto é, ser capaz de determinar sua morte. Quem sabe, em outra ocasião, ela queira rever esse confronto. Ela decidirá.

DIFICULDADES GERAIS DO PACIENTE NA DRAMATIZAÇÃO

Como já foi dito, os idosos que se submetem ao Gerontodrama de grupo nem sempre apresentam facilidade para entender as consignas psicodramáticas, assim como a própria dramatização. Os bloqueios nesse campo são encontrados em maior proporção naqueles que estão participando dos G.I. e que ainda não têm contato com as técnicas psicodramáticas. Todavia, um ou outro idoso, mesmo em G.P.L., ainda demonstra dificuldade para algumas delas. Acredito que isso se deva particularmente às características de personalidade e caráter que se manifestam no indivíduo (e, muitas vezes, o assolam) desde sua infância. Entre elas poder-se-ia citar algumas:

a) A ausência de participação real ou participação restrita em brincadeiras e jogos quando criança, principalmente aqueles em grupo, que o impediriam de desenvolver a capacidade para fantasiar, imaginar, ter devaneios, sonhos, fazer quimeras, jogar.[3] (Costuma-se pensar que os velhos de hoje tiveram em sua infância muito mais brincadeiras do que teriam tido ou têm os adultos e as crianças da atualidade. Isso é bastante relativo; grande parte dos meus pacientes conta uma história infantil triste, de repressões paternas, inibições, deveres precocemente impostos que os impediam e os incapacitava de jogar e brincar.)

b) Não ter se submetido na infância (e mesmo na atualidade) a situações ridículas e constrangedoras (com gozações de colegas ou mesmo de familiares, que fazem parte natural da vida de cada um), que o estimulam a descobrir ou criar uma saída sem grandes traumas; seria o poder "rir de si mesmo" e aceitar as pilhérias do outro.

c) Maior rigidez de caráter (componente genético) denotando inflexibilidade e falta de maleabilidade — o chamado "jogo de cintura".

d) Medo de se expor perante o outro como se este fosse criticá-lo, ridicularizá-lo ou mesmo considerá-lo um velho "gagá", "arteriosclerótico".

e) Alto nível tensional promovido, provavelmente, pelo confronto com o novo (e os mistérios que ele contém), desembocando em comportamentos do tipo fóbico.

f) Atitude racional diante da vida e dos fatos à semelhança dos pais (como identificação para ser aceito) ou por mecanismos defensivos já desenvolvidos desde a tenra idade, que o impediriam de tomar consciência e, conseqüentemente, expor seus afetos e sentimentos para si mesmo e para o outro.

---

3. Segundo um comentário verbal de A. C. Cesarino (quando fazendo parte da banca examinadora deste trabalho), "não fantasiar é uma característica estéril da sociedade industrial".

g) Dificuldades na diferenciação do "real" e do "como se", confundindo um aspecto com outro (e, portanto, saindo do papel), provavelmente por acreditar que o lado do irreal e da fantasia não possam mais fazer parte das suas vidas (se é que algum dia tenham feito, como mencionado no item a).

As dificuldades mais freqüentes que surgem na dramatização com os idosos são:

Fazer solilóquios: A mensagem "falar em voz alta aquilo que estão pensando e sentindo" é complexa. A princípio empregam a terceira pessoa do singular, achando que é para transmitir o seu sentimento como se fosse o de uma outra pessoa. Então dizem: "Ela está triste hoje porque aconteceu uma coisa desagradável com a filha...", em vez de: "Eu estou triste hoje...".

Tomar papéis de objetos inanimados: Demoram a compreender que o objeto em cena "pode falar" (o que muitas vezes sua imaginação não alcança). Acham graça, reforçam que, por exemplo, "mesa não fala" e despendem tempo razoável para apreender o papel, o qual várias vezes é confundido com o seu próprio. Tendem a reforçar, no papel, a primeira pessoa do singular associada ao nome do objeto em questão, como se necessitassem constantemente recordá-lo para que a manutenção do papel se faça. Ex.: "Eu, escrivaninha do César, sinto que..."; "Eu, cama, acho que...".

Tomar papéis de partes do corpo e de entidades de natureza abstrata (sentimentos): Há determinados movimentos estereotipados de uma ou mais partes do corpo (por exemplo, o esfregar das mãos) que os idosos apresentam dentro de uma cena dramática. Quando se pede a eles que tomem o papel dessas mãos e se expressem como tal, a mesma reação anteriormente citada acontece, isto é, negam-se a entender que aquela porção corporal possa ser manifestada dramaticamente. A princípio conservam-se com uma visão extremamente racional que só se modifica com o passar do tempo.

O mesmo ocorre quando a concretização é de um sentimento, por exemplo, angústia. Fazer com que compreendam e/ou aceitem tomar o papel desse sentimento é, algumas vezes, decepcionante. Invertem sempre o pronome pessoal, usando "ela" para se referir à angústia, e não à primeira pessoa do singular (eu).

Tomar papéis de personagens fictícios: Neste caso entra em jogo a maior ou menor capacidade para imaginarem e criarem uma figura dramática. Mostram-se inicialmente envergonhados, sentindo-se ridículos e, se não são advertidos, tendem a fazer do papel uma caricatura. Quando a tomada de papel é de algum personagem ligado a uma família indeterminada, tendem sempre representá-lo (como, por exemplo, de filho, pai, irmão) segundo os parâmetros de sua própria vida, repetindo aquilo que foram e são na atualidade. Não conseguem "se desligar" de seu próprio papel incorporado e criar um novo personagem de filho, pai, etc.

Tomar papéis de sua vida passada e/ou de outras pessoas ligadas a seu átomo social: Aqui ocorre o seguinte: quando, em uma cena do passado, eles devem assumir o seu papel de filho de cinco anos (só para exemplificar), o bloqueio surge de imediato. Voltar a ser criança no "aqui e agora" e lidar com situações conflituosas daquela época, que repercutem até hoje, é complexo. Tendem a se confundir no papel (por receios ou defesas), ora se mostrando com cinco anos, ora (saindo do papel) com a idade que possuem no presente. (No caso da tomada de papéis de outras pessoas, os comentários já foram feitos na parte em que trato de "Aquecimento específico".)

Inverter papéis: Para o indivíduo poder tomar (assumir) o papel do outro em cena é preciso invertê-lo; sair do seu próprio papel para entrar no do outro.

Nos G.I. os idosos têm maior dificuldade em inverter seus papéis com o outro que está, naquele momento, representando um familiar seu, por exemplo. Costumam confundir-se e se perder no "quem é quem". Isso também acontece, com menor assiduidade, nas dramatizações dos G.P.L.

3. Comentários

Bustos (33, pp. 95-6) refere que as características de um *sharing* dependem muito do que se passou nas outras duas etapas, principalmente na da dramatização. Ele divide essa parte em quatro possibilidades de resposta, que sintetizarei do seguinte modo:

I — Grupo resistente aos comentários, tenso, pobre em afetos, intelectual e estéril.

II — Grupo que faz comentários, mas apenas sobre a atuação do protagonista, que pode se sentir usado, um bode expiatório. As demonstrações afetivas podem surgir, mas as soluções ainda se fazem racionalmente.

III — Grupo emotivo, em comunhão profunda com o protagonista, onde o *sharing* acontece por inteiro.

IV — Grupo em catarse de integração, em que o silêncio se impõe por si só, os comentários são desnecessários e o contato afetivo-corporal é essencial.

Tomando por base esses quatro tipos de respostas, poder-se-ia dizer:

- *G.I.* — Os participantes comportam-se mais freqüentemente com posturas dos tipos I e II. Em geral eles têm grande dificuldade em compreender o significado do *sharing*, assim como de aproximar-se fisicamente (troca afetiva). O máximo que conseguem é fazer um discreto e rápido afago no ombro, no braço ou na mão do outro. Costumo ter com eles uma atitude espontânea de carinho, mas isso não é suficiente para promover a sua mudança, muito embora contribua bastante, pois acaba funcionando como um estímulo ao desenvolvimento de um novo papel — o de pessoa carinhosa.

  O fato de no passado não terem recebido, de seus familiares, o carinho desejado (e, às vezes, nem recebem dos próprios filhos, por também não terem conseguido transmitir-lhes o seu afeto) faz com que sua espontaneidade se apresente bloqueada. É como se se esquecessem desse pormenor, totalmente dispensável. Minha atitude é sempre a mesma: de estimulá-los ao "*sharing* afetivo verbal" e ao "*sharing* afetivo-físico", deixando-os agir à medida que diminuem sua timidez e suas defesas.

- *G.P.L.* — É mais comum encontrar-se aqui reações do tipo II "modificado" e III. Denomino tipo II "modificado" porque, no desenvolver do processo, os idosos acostumaram-se a evitar fazer comentários sobre o outro (a não ser quando por mim solicitados), e procuraram envolver-se com o acontecido e falar de si mesmos. É mais difícil observar o "uso" do outro como um bode expiatório. Por isso às vezes silenciam, ainda por resistência ou inibição (medo). Outras vezes (tipo III) ocorrem respostas emotivas com entrega total do grupo. O contato corporal, entretanto, embora menos difícil, não é o mesmo que vemos acontecer com mais liberdade no grupo de indivíduos mais jovens. Atitudes do tipo IV são mais raras de serem presenciadas, mesmo com as defesas diminuídas. Parece que o ponto crucial para que a espontaneidade seja mais liberada, e os sentimentos mais expostos, é realmente a questão do contato corporal.

  Alguns aspectos poderiam ser levantados a respeito dessa dificuldade. Citarei apenas um, que me parece mais óbvio.

  O idoso viveu um período de sua vida, quando criança, em que as repressões, os preconceitos, os medos, as vergonhas tinham uma importância muito grande. Mostrar o corpo (ou parte dele) para si mesmo, ou para o outro, o tocar a si mesmo, ou tocar o outro, tinham significados religiosos profundos e marcantes: tudo era pecado, tudo Deus castigava, tudo era feio, restando à criança apenas o peso do proibido. Por isso, a falta desses contatos na infância pode tentar explicar as condutas atuais mais formais e mais rígidas.

No grupo com mais tempo de sobrevida, os idosos passam a apresentar uma conduta muito mais sociável, mas não suficientemente livre e desatada da formalidade ao toque. Os beijinhos são trocados, como cumprimento, na chegada e na saída, mas os abraços mais afetuosos e demorados, assim como qualquer outro afago mais prolongado, não são freqüentes de ver nessa etapa do *sharing*. No capítulo teórico discutirei a categoria denominada por Moreno de "poder de expansividade afetiva" (129, p. 83), que talvez explique parte dessa questão.

d. CARACTERÍSTICAS DA SESSÃO

1. Número de participantes

Quando eu atendia os grupos apenas no Hospital do Servidor, eles possuíam, cada um, dez participantes no total. Desde que passei a tê-los no meu consultório, reduzi cada grupo a seis pessoas, por uma questão prática: a acomodação da sala é melhor quando esse número é mantido. Além do mais, parece que os idosos sentem mais necessidade de fazer uso da palavra (seja porque não têm com quem conversar no dia-a-dia, seja porque os familiares não o ouvem, ou mesmo por uma característica de sua personalidade) para contar sobre suas experiências passadas e presentes, seus conflitos psicológicos, seu cotidiano. Provavelmente, num grupo de mais de seis pessoas as falas se atropelariam e haveria pouco ou nenhum tempo para a dramatização.

2. Tempo de duração da sessão

Os grupos psicanalíticos, como os de Cuissard (71), têm duração de uma hora e 15 minutos. No Psicodrama, técnica de ação, as sessões requerem um tempo maior. Estipulei, para o consultório, uma hora e 45 minutos, por considerar este tempo o suficiente: possibilita trabalhos verbais e dramáticos e não chega a cansar os participantes. Uma sessão de duas horas só seria necessário se o número de pacientes ultrapassasse oito elementos, como era no Hospital do Servidor. Dependendo da ocasião, isto é, do momento vivido pelo grupo, sinto que seria interessante que as sessões pudessem acontecer com maior freqüência semanal (duas vezes). Entretanto, por limitações do próprio grupo e da terapeuta, elas ocorrem apenas uma vez por semana.

3. Quórum, atrasos e faltas

Quando os grupos possuíam dez integrantes, estabeleci o quórum de "metade mais um", portanto seis pessoas para dar início à sessão. No consultório tenho estipulado apenas "a metade", o que corresponde a três elementos.

Bustos (32, p. 125) fala da improdutividade desse número três, pela dinâmica triangular que se cria, em razão de situações persecutórias e edipianas que surgem com certa freqüência.

Parece-me que o número três não funciona negativamente no grupo de idosos. Quando passei a iniciar a sessão com esse pequeno número houve, a princípio, uma certa surpresa e discretas atitudes de ciúmes em relação à terapeuta. ("Quem iria formar par comigo?") A partir do momento em que isso lhes foi apontado e trabalhado terapeuticamente, o clima mudou e o grupo mostrou que pode ser produtivo mesmo com apenas três pessoas.

Há uma tolerância de 15 minutos para se dar início à sessão, caso não haja quórum. Passado esse tempo, se ainda não há número suficiente, o trabalho começa com uma ou duas pessoas apenas.

Assim como Moreno (129, p. 92), penso que duas pessoas já representam um grupo (embora "mini") e é perfeitamente possível ter sessão com esse número. A dinâmica continua proveitosa, mas é claro que não com a mesma riqueza quando o número é maior.

A disciplina de horários é rigidamente seguida pela maioria dos idosos. Em geral, não costumam chegar atrasados às sessões; ou eles vêm na hora certa, ou então avisam, quase sempre com antecedência, de sua impossibilidade de comparecer à sessão. Entretanto, quando acontecem atrasos, eles sabem que podem entrar e participar da sessão normalmente.

Quando apenas um elemento vem à sessão (caso raro), tenho um contrato estabelecendo que, naquele dia, não haverá, obviamente, sessão grupal, mas atendo-o individuamente. Portanto, a sessão se restringe a um tempo menor, de 45 minutos.

No meu contrato com os grupos do hospital constava que, se não houvesse quórum até o tempo de tolerância, a sessão daquele dia não aconteceria. Isso criava uma atmosfera ruim, persecutória, de desconfiança, insegurança e revolta entre os membros. Aqueles que não costumavam faltar viviam cobrando dos outros uma presença mais assídua, pois se sentiam prejudicados de virem até o hospital e não terem sessão. Muitos tomavam diversas conduções, ou mobilizavam alguém para trazê-los, ou gastavam dinheiro com táxi, etc., dando demonstração do grande interesse pelo grupo. Era frustrante, sem dúvida, ter expectativas e estimular-se para um trabalho que, por falta de elementos, não se concretizava. Era natural, portanto, revoltarem-se contra os colegas faltosos e até mesmo comigo, que conservava a mesma postura rígida.

Eu achava que a manutenção do contrato se fazia necessária como meio de medir o compromisso das pessoas consigo mesmas e com o grupo. Na sessão seguinte, essa temática era motivo de trabalho terapêutico, que às vezes surtia um forte efeito e, em outras, dava mostras de resultados desfavoráveis, com novas faltas, ausência de quórum e, inclusive, desistências.

Não penso que passei radicalmente para a atitude oposta, isto é, trabalhar com quem vem à sessão. Porém, minha idéia hoje, quanto a isso, é diferente. O compromisso com a psicoterapia, consigo mesmo e com os outros está realmente em quem vem à sessão, não de modo mecânico, mas por interesse efetivo e verdadeiro em tratar-se e auxiliar o outro. (As faltas esporádicas, com razões específicas, não são, evidentemente, consideradas como falta de compromisso.)

As faltas à sessão evidenciam alguns significados, tais como: a dificuldade em lidar com determinadas situações, resistência, rebeldia, esquecimento (geralmente inconsciente), medos diversos, etc.

Nos G.P.L., como já existe um companheirismo maior entre os participantes, grande parte das vezes, quando um colega se ausenta da sessão sem comunicar, surge uma expectativa geral e um medo coletivo (mais particularmente porque, na idade em que se encontram, a falta desse companheiro de grupo pode representar, na fantasia dos demais, a sua morte).

Lembro-me de uma situação ocorrida no hospital. Uma paciente de 78 anos, Eunice, aparentemente saudável, mostrava grande interesse pelo grupo. Era dinâmica, espontânea nas suas colocações e nas dramatizações e logo conquistou a simpatia dos colegas. Eu mantinha um contrato com eles, em relação às faltas, da seguinte maneira: quem faltasse três vezes consecutivas e não fizesse nenhuma comunicação a respeito seria automaticamente considerado desistente do grupo. (Em razão da demanda, isso possibilitaria chamar novos interessados que estivessem aguardando vaga na "lista de espera".) Após a terceira falta consecutiva de um participante, apesar de considerá-lo desistente, eu lhe telefonava na tentativa de me informar da causa provável de sua saída e, posteriormente, comunicá-la ao grupo. (A dúvida do porquê da desistência é muito mais angustiante do que o conhecimento da verdade, mesmo que ela seja a morte.)

Eunice havia faltado duas vezes consecutivas sem avisar. Como era uma participante ativa, aquelas ausências, sem nenhuma notícia, eram de se estranhar. Alguém propôs telefonar-lhe. (Não intervenho nesses casos de contatos "extragrupo", a não ser em situações que possam vir a interferir na dinâmica grupal.)

91

O medo e as fantasias a respeito de algum acontecimento sério com Eunice tomaram vulto e precisaram ser trabalhados. Como pano de fundo estava a figura da colega que foi sendo, paulatinamente, substituída pelos elementos fóbicos que cada um apresentava naquele momento, em relação à própria morte ou à de algum ente querido.

Na semana seguinte, a paciente que havia se comprometido a entrar em contato com Eunice chega à sessão com fisionomia ao mesmo tempo triste e assustada e logo vai dizendo: "Tenho uma coisa muito triste para lhes contar: Eunice morreu".

A comoção atingiu a todos (inclusive a mim). Segundos de silêncio e as perguntas começaram a ser despejadas: "Como?, Quando?, Estava sozinha?, De que ela morreu?, Já teve missa?", etc.

Eu observava o grupo, misto de ansiedade, medo, angústia, comiseração, pesar, e me perguntava o que fazer. Era a primeira vez que isso acontecia em um dos meus grupos. E no "aqui e agora" a questão não era lidar com a fantasia da morte de Eunice, ou com a perda de algum ente ou amigo querido com o qual apenas um deles havia convivido. Agora era lidar com a morte real daquela paciente que todos haviam conhecido e admirado e que nunca havia se queixado de qualquer doença ou sintoma.

Acabadas as perguntas, um grande silêncio se fez e cada um, naquele instante, pôde entrar em contato consigo mesmo. Resolvi esperar as reações espontâneas do grupo. Sentia sua angústia mas achava que cada um precisava de um tempo para refletir e, se possível, iniciar um processo de elaboração. Eu desejava e esperava que o grupo pudesse encontrar uma forma natural, embora sofrida, de sair daquela situação.

Então, uma voz embargada disse: "Que bom que ela não sofreu; que foi morte fulminante! Sabe, eu gostaria de receber essa graça de Deus, de morrer sem sofrer, de morrer de repente. Acho que a pior coisa é quando a gente fica prostrada numa cama, sem ter condições para nada e precisa do outro para tudo...". Outra paciente complementa: "Ou ir morrendo aos poucos, sofrendo de dor, emagrecendo...".

As vozes foram saindo de forma emocionada. Todos tinham o mesmo sentimento de tristeza pela perda, mas o conforto em saber que Eunice havia alcançado "uma dádiva" (como diziam) ao falecer repentinamente.

A sessão continuou a transcorrer de forma verbal. Pensei em propor-lhes uma despedida de Eunice, dramaticamente, mas não quis interromper o modo como tinham escolhido despedir-se dela. Falavam de seus medos, desejos e fantasias em relação à morte e encerravam suas falas fazendo um comentário fraterno e carinhoso à pessoa de Eunice.

Quando a sessão terminou, estavam ainda visivelmente emocionados e pesarosos, porém pareciam levar consigo um pouco mais de lenitivo. Haviam passado juntos por uma perda irreparável, mas tinham contado com a comunhão de todos e isso os deixava menos temerosos e mais fortalecidos. Na porta, um paciente faz ainda o seguinte comentário: "É..., é..., é muito triste, mas temos de tocar o nosso barco para a frente..., não é mesmo?".

4. Tipologia grupal

Tanto no hospital como no consultório, os grupos foram e são abertos, isto é, está aberta a possibilidade de serem introduzidos novos membros a eles. A entrada será sempre discutida e elaborada com quem quer ou precisa entrar e com o grupo propriamente dito, até o instante em que ambos possam ser receptivos.

Geralmente a proposta de novo participante é bem recebida. Raras vezes observei algum desdém ou restrição à entrada de pessoas novas. Algumas vezes, dissimuladamente surgiam, no caso do hospital, comentários do tipo: "É bom entrar, mas tem de prometer que não vai faltar...". Essa frase é um exemplo do que analisei no item anterior, com referência às faltas.

Em relação ao término do grupo, no hospital ele já era comunicado na primeira sessão. Todos eles (grupos) tiveram duração de aproximadamente um ano e meio, tempo considerado pequeno para as resoluções internas detonadas por ocasião da evolução do processo terapêutico e razoável por se efetuar em instituição, em que as limitações e cobranças no atendimento estão presentes. Nenhuma alta terapêutica ocorreu nesses grupos. Nos de consultório, já aconteceram algumas, bem recebidas pe-los participantes.

Na despedida do colega com alta, sempre há um compartilhar mútuo de palavras e atos carinhosos, o surgimento de sentimentos de inveja, promessas de encontro social (ou telefonemas) e emoções evidenciadas (por exemplo, por meio do choro). Nas sessões seguintes o trabalho terapêutico, em geral, consta da abordagem desses pontos ligados às despedidas, às perdas, às invejas, ou a qualquer outro sentimento emergente.

Em algumas situações de interrupção da terapia, sem propriamente alta, por razões particulares como mudança de cidade, desejo de reavaliar-se e enfrentar a vida (sem a continuação, por ora, do processo terapêutico), casos de doença orgânica (incluindo os distúrbios mentais), é importante, quando possível e pertinente ao caso, realizar um trabalho dramático em que pese a observação e a constatação de quais mudanças foram conquistadas nesse período e quais os temas de conflito ainda pendentes, que, entretanto, naquele instante, não são agudos a ponto de impedir, em princípio, sua saída do grupo.

5. Sigilo do grupo

Este é um aspecto fundamental do contrato, já enunciado na primeira sessão para o grupo todo, ou em particular para aquele que for entrar no grupo em andamento.

Em geral, os idosos são extremamente sigilosos e respeitam os demais. Nunca soube de situação ou história que tivesse "vazado" da sala de psicoterapia e causado problemas aos envolvidos. Quando o grupo é G.I., ele se mostra mais intimidado e desconfiado do outro, muito embora as pessoas não dêem demonstração de que a causa principal de sua pequena participação seja o medo de quebra do sigilo. Ao contrário, elas parecem acreditar veementemente que a discrição será mantida ou, então, que o que têm para contar não é tão merecedor de segredo. Quando o grupo é G.P.L., todos colocam seus problemas e histórias com bastante naturalidade, sem evidenciar medo de que o sigilo seja desrespeitado.

Até hoje, apenas uma paciente mostrou-se realmente intimidada, não se sentindo à vontade diante do grupo. Ela era solteira, mas havia durante muitos anos mantido um relacionamento amoroso com um homem casado, de grande projeção social. Fazia pouco tempo que ele havia falecido e isso a tinha deixado muito deprimida. Seu desejo era tratar-se individualmente, porém não possuía condições financeiras suficientes para isso (sua pensão como aposentada era pequena e o auxílio que recebia antes, do companheiro amasiado, obviamente havia sido suspenso com a sua morte). A sua introdução no grupo era muito mais uma tentativa de que pudesse se deixar ajudar pelos outros. Quem sabe vendo e ouvindo a participação comprometida dos demais (que também tinham segredos), se sentisse estimulada a soltar-se. Não foi o que aconteceu. Nas 16 sessões em que esteve presente manteve-se sempre reservada, evitando falar de si mesma e emitindo sua opinião apenas num caso ou outro. Não aceitou nenhuma proposta dramática dirigida à sua pessoa. Depois da última sessão de que participou, procurou-me a sós, para me avisar que não continuaria mais no grupo. Dizia que "nunca" iria ter coragem de contar sua vida às pessoas e que se sentia pouco participante (além de fantasiar que atrapalhava o andamento do grupo).

Foi inútil a minha tentativa de fazê-la rever sua decisão e voltar ao grupo, nem que fosse para uma despedida.

6. Honorários

A condição econômica dos idosos, em geral, não é das melhores, partindo do pressuposto de que todos, ou quase todos, vivem da aposentadoria ou da pensão que recebem. Apesar de não terem, na sua maioria, gastos rotineiros com familiares (filhos, netos, etc.), costumam arcar com despesas às vezes relativamente altas, tais como: aluguel de apartamento, condomínio, mensalidades pagas a convênios médicos, etc. Quando não têm essas despesas, sentem-se mais seguros se puderem, mensalmente, guardar algum dinheiro na poupança, na eventualidade de uma doença grave (para os que não possuem convênio médico) e de reformas em casa (para citar algumas possibilidades).

Analisando todos esses aspectos, tenho como princípio estabelecer meus honorários em 40% a 50% abaixo do que é cobrado para o grupo de adultos mais jovens. O pagamento é feito individualmente, a cada 15 dias, e o valor que despendem por sessão é igual para todos. Se houvesse diferença de honorários entre eles, provavelmente a dinâmica se prejudicaria e as relações poderiam entrar em conflito. Alguns se considerariam menos merecedores de sua participacão no grupo e os outros, que pagassem mais, poderiam sentir-se usurpados.

Os reajustes dependem do andamento da economia brasileira e são discutidos conforme o índice inflacionário, que quase sempre é maior do que o aumento da aposentadoria e/ou pensão.

Antigamente, quando a inflação era muito instável, os reajustes aconteciam praticamente a cada mês e os aumentos eram sempre debatidos; tentava-se chegar a um ponto comum. Hoje, com a inflação mais estável e mais baixa, os reajustes têm sido dispensados, ou feitos ocasionalmente.

7. Sexo dos participantes

O número de homens é sempre menor do que o de mulheres, por uma questão essencialmente preconceituosa. É mais difícil para o indivíduo do sexo masculino submeter-se à psicoterapia, em qualquer idade, em razão do estigma criado pela própria sociedade: homem é macho, tem de ser forte, não deve ter problemas, não chora e, portanto, não precisa de psicoterapia. Quando atinge idade mais avançada, isso parece tornar-se mais complexo ainda.

Já cheguei a ter grupos apenas com mulheres e outros em que havia um único homem. Geralmente considera-se inadequado e improdutivo manter no grupo um único elemento do sexo oposto, pois ele poderá funcionar como depositário dos conflitos ligados àquele sexo. Entretanto, nos grupos em que isso ocorreu, houve um outro tipo de dinâmica. As mulheres se relacionaram com eles de forma respeitosa, amiga e simpática, algumas chegando até a se mostrar demasiadamente "cuidadosas", maternais. Diga-se de passagem que nessas duas ocasiões os homens eram figuras peculiares: um, muito tímido e deprimido o que, provavelmente, na fantasia feminina, merecia ou impunha cuidados, e o outro, num segundo grupo, falante, simpático, inteligente, perspicaz, com uma história de vida em que o respeito e a admiração às mulheres (e seus papéis na sociedade) se faziam notar.

Talvez essas duas características dos dois figurantes não tenham funcionado como instrumentos de conflitos (transferenciais ou não) entre eles, mas muito mais como identificação ou idealização do companheiro perfeito, aspectos estes não ignorados no trabalho terapêutico.

8. Profissão e nível social

Nos grupos do hospital havia uma variabilidade de profissões e diferenças no nível social. Entretanto, tinham em comum o fato de serem todos funcionários públicos estaduais. A maior parte era de aposentados, mas havia ainda os que trabalhavam.

A diversidade profissional somada à diferença no nível social nunca foi motivo aparente de atritos entre eles, ou mesmo de sentimentos de superioridade e inferioridade.

Em razão de todos já haverem passado por muitas experiências e presenciado muita coisa na vida, praticamente não se notavam diferenças marcantes no nível intelectual dos participantes. Muitas vezes os mais gabaritados intelectualmente (e mais racionais) percebiam e captavam menos do outro e de si mesmo. Outros, mais simples na sua forma de ser, culturalmente mais empobrecidos, apresentavam alto grau de sensibilidade e "apreendiam" o processo (ou tinham maiores *insights* dramáticos) com mais facilidade.

(É interessante e necessário citar que as pessoas mais simples, menos capacitadas intelectual e culturalmente, com menor grau de crítica à exposição e ao ridículo, em geral são as mais espontâneas e têm menos dificuldade (bloqueio) para a dramatização. Obviamente, isto não é regra geral. Há também, em menor proporção, os intelectuais espontâneos e os simplórios inespontâneos. Discuto a esse respeito em "Teoria da Espontaneidade — Criatividade e Conserva Cultural".)

Desde que os grupos passaram a ser exclusivos do consultório, os membros presentes têm quase todos o mesmo nível intelectual, cultural e financeiro. Parece que, geralmente, as pessoas que mais procuram psicoterapia pertencem à classe média. Para as menos favorecidas financeiramente, o próprio fator econômico já é uma restrição (apesar de haver, atualmente, um número razoável de instituições que oferecem serviços de psicoterapia a preços mais acessíveis). E as mais ricas, provavelmente, "resolvem" seus conflitos nos chás, nas viagens, isto é, supostamente pensam e acreditam que as distrações de luxo podem solucionar os seus problemas psicológicos. E também porque preferem "não mexer" em estruturas aparentemente sólidas (ou têm mais medo de se expor ao outro, imaginando que, por carregarem um nome de família conhecido, não seria de bom tom se sujeitar a um tratamento grupal).

e. UTILIZAÇÃO DO MATERIAL DA SALA

No hospital os pacientes tinham acesso apenas às almofadas. Na minha sala de consultório, além das almofadas, eles contam com bancos, poltronas, material de escritório, livros e ornamentos de decoração. Em geral, quando participam de um jogo dramático, gostam muito de fazer uso desses materiais. Tais recursos enriquecem a dramatização, possibilitando leituras bem claras dos motivos que levaram um determinado indivíduo a escolher este ou aquele objeto.

Podem também funcionar como objeto intermediário, como expressão de conteúdos latentes, para objetivar fantasias inconscientes, como caracterização de construções simbólicas e para definir ou esclarecer para si e para o outro significados específicos de sua realidade atual.

Exemplo: o grupo em questão estava junto há aproximadamente três anos. Nessa sessão que relatarei havia apenas três pessoas.

Síntese identificatória:
João: 69 anos, casado, aposentado, filhos casados e netos, logorréico, culto, extremamente racional, tem bastante dificuldade em lidar com suas emoções. Ex-alcoolista (há quatro anos abandonou a bebida).
Suzana: 55 anos, viúva, aposentada, filhas casadas, uma neta, tímida, insegura, meiga, passiva, dificuldades em dizer "não". Tendência à obesidade e a algumas somatizações.
Letícia: 63 anos, viúva, aposentada, filhos casados, netos, crises periódicas de depressão intercaladas com quadro de hipomania, mais raras.

O grupo tem início com uma pergunta colocada por João: "Eu queria discutir uma coisa. O que é 'estrutura'? Tanta gente fala que tal pessoa é desestruturada; outras dizem que aquela agüenta tudo, tem estrutura. O que vocês acham disso?".

O questionamento levantado dá início ao aquecimento inespecífico. Os três discutem, colocam suas idéias, convergem e divergem. Faço um ou outro comentário e deixo que esgotem seus pensamentos e suas falas para, então, propor-lhes um jogo: que procurem montar, naquele momento, uma imagem sem palavras, representativa daquilo que sentem, na atualidade, como estrutura pessoal. Gostam da idéia e partem para o aquecimento e a dramatização. As mulheres munem-se de almofadas, bancos, livros, lista telefônica, bolsa, agenda, roupas, cesto de lixo e telefone. O homem utiliza apenas duas almofadas.

João

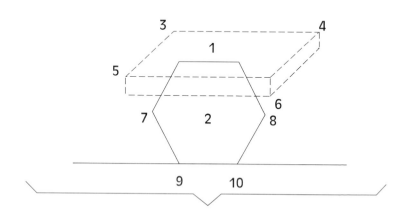

"O que sou"

1. Cabeça ⎫ duas almofadas (uma maior e outra
2. Corpo   ⎭ menor) que se equilibram sem cair.
3/4/5/6. Quatro bocas (pontas da almofada 1).
7/8. Dois braços (pontas laterais da almofada 2).
9/10. Duas pernas ajoelhadas sobre a areia fofa; os pés não aparecem (pontas da almofada 2, que se apóiam no chão).

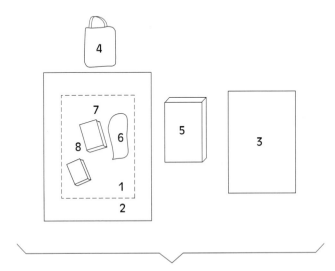

"Minha casa"

1/2. Armários (2 almofadas superpostas).
3. Sofá — "Gosto de me sentar nele" (outra almofada menor).
4. Bolsa — seus objetos pessoais.
5. Lista telefônica — "Para eu poder me comunicar com quem está lá fora".
Sobre a almofada 1 estão os seguintes objetos:
6. Blusa — "Representa minhas roupas".
7. Livro — "Para eu ter um lazer, para a minha leitura".
8. Agenda — "Também é para eu poder me comunicar com as pessoas".

LETÍCIA

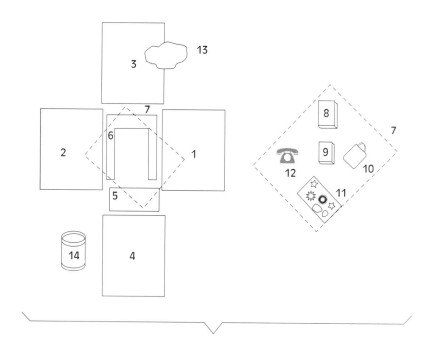

"Minha vida"

1. Familiares (filhos, netos) – (1ª almofada).
2. Passeios, viagens, lazer fora de casa – (2ª almofada).
3. Pessoas do edifício onde mora – (3ª almofada).
4. Esperança de conseguir certas coisas – (4ª almofada).
5. Preocupações, "grilos que quero tirar da minha cabeça" – (5ª almofada comprimida entre a 4ª almofada e o banco – número 6).
6. Casa onde mora – (um banco de madeira).
7. Conforto – (6ª almofada sobre a qual estão os objetos que se seguem).
8. Dicionário – "É a minha cabeça; meu interesse pela informação".
9. Livro de filosofia – "A filosofia faz parte da minha vida".
10. Bolsa – "Tudo o que é importante para mim".
11. Almofada pequena colorida – "Representa meus sonhos, minhas fantasias".
12. Telefone – "É a minha comunicação com todos".
13. Capa de chuva – "É a minha proteção".
14. Cesto de lixo – "Para jogar fora todo o lixo que está em mim".

Quando terminam a construção, examinam a imagem a distância e sentem-na bem representativa de si próprios. Como são muitos os objetos em cena, não peço que troquem de papel com eles, pois isso demandaria tempo razoável. A observação a distância os sensibiliza e faz com que possam tomar consciência de alguns pontos:

João: "Tive muita dificuldade para montar (a imagem); pensei bastante em como fazer uma coisa simples que simbolizasse um pouco do que sou. O que vejo agora, assim de longe, é que na realidade a minha imagem demonstra o quanto estou à procura de uma ordem material e psíquica. O meu 'mistério' não deve estar só na minha cabeça, como eu tento sempre salientar (referindo-se ao fato de sua postura mais racional). Foi um jogo muito construtivo".

Suzana: "No começo tive dificuldade para montar a imagem. Não sabia o que e como fazer. Eu sou mesmo insegura, não? Depois de um certo tempo, foi ficando mais fácil. (Em geral, toda situação nova, mesmo um jogo, é ansiogênica para Suzana.) Eu montei o meu espelho. Minha vida está ali. Minha estrutura é a minha casa. É onde eu me sinto mais segura".

Letícia: "Para mim, foi fácil montar. Acho que é a consciência da gente que está sendo exposta nesse momento. A imagem representa bem a minha vida atual. Estou me sentindo novamente bem, me interessando por coisas diferentes que nunca fiz antes, pelas pessoas...".

O jogo ainda continuou por mais um tempo, com análises de cada um sobre a imagem montada pelo outro, por meio do que puderam auxiliar o(a) companheiro(a) a ler outras coisas que não haviam podido captar, e com comentários meus complementando suas observações. No instante de desmontar as três imagens, fazem outras apreciações:

João: "Sou meio anarquista e gosto de mudar a ordem das coisas, se não materialmente, pelo menos mentalmente. Não tenho dificuldade em desmontá-la".

Suzana: "Não gosto de desmontá-la. Não sou pessoa de muitas mudanças. Em casa raramente mudo os móveis de lugar. Mas não posso continuar pensando assim...".

Letícia: "Gosto de mudanças. Adoro coisas novas. Não gosto é da rotina. Não sou muito conservadora. Acho que isso, para minha idade, é uma coisa boa".

O grupo termina com novas complementações de minha parte. Mostro a eles alguns pontos de cada um a serem posteriormente dramatizados, como também atitudes e comportamentos positivos (detonados por ocasião das imagens montadas).

Mesmo que no trabalho protagônico (ou grupal) eclodam muitas e novas situações conflituosas que necessitem de assinalamento, costumo

101

não reforçar essa chamada no grupo de idosos. Em geral, indico apenas aqueles problemas que estão mais em evidência, às vezes até para o próprio sujeito. Enumerar a quantidade de conflitos que ainda tenham para resolver é aumentar por demais sua ansiedade. A pessoa passa a culpar-se pelo fato de não ter procurado psicoterapia anteriormente, a sentir-se desanimada diante de tantos problemas para solucionar, como se somente lhe restasse "morrer" assim, ou ainda começa a achar que o tempo de vida que lhe sobra, embora desconhecido, não será suficiente para resolver todos os seus conflitos.

f. RECURSOS PSICODRAMÁTICOS UTILIZADOS

I. Técnicas especiais empregadas no decorrer da sessão

Essas técnicas são consideradas especiais porque se empregam no início de uma sessão, pressupondo um aquecimento inespecífico. Entretanto, em muitas ocasiões, o limite entre os aquecimentos inespecífico e específico se mostra inaparente, e o primeiro ou segundo momentos do aquecimento se confundem. Para complicar ainda mais, algumas técnicas são utilizadas sem qualquer delimitação de contexto, ou mesmo sem uma marcação de cena, o que, a priori, poderia ser considerado como uma dramatização indevida. Todavia, são observadas verdadeiras dramatizações com expressão emocional, tomadas de consciência e insights dramáticos bastante significativos.

1. DUPLO

Quando o grupo está fazendo uso demasiado da fala, ignorando conteúdos significativos, introduzo o duplo dirigindo-o a determinada pessoa que monopoliza a palavra, ou para o grupo todo, avisando apenas o que farei e a quem é endereçado.

Se o grupo é G.I., ainda não tem o conhecimento da técnica, razão pela qual explico o seu significado; posteriormente não há mais necessidade de fazê-lo. Exemplo: Joel conta ao grupo a sua infância vivida entre uma mãe constantemente deprimida (que foi internada várias vezes) e um pai inseguro e violento, que muito o agrediram e o fizeram sofrer. Quase ininterruptamente, sem perceber, bate as mãos com força sobre as próprias coxas.

Introduzo o duplo avisando-o de que é encaminhado particularmente a ele, e digo, repetindo os seus mesmos gestos: "Vejam o que estou fazendo comigo; antes era meu pai, minha mãe que me agrediam; hoje sou eu que faço o mesmo que eles...".

102

O impacto é grande, tanto para Joel quanto para o grupo. Ao tomar consciência do que estava fazendo, emociona-se e desestabiliza-se. Diz: "Meu Deus, nunca tinha me dado conta disso! E faz séculos que eu tenho essa mania de bater com as mãos nas minhas pernas! Ah, esta vai ser a última vez que faço isso; agora eu compreendi...".

Nessa situação, apenas a tomada de consciência foi suficiente para mudar seu comportamento. Em outras ocasiões, a surpresa com o duplo desencadeia emoções que funcionam como estimuladoras para um trabalho dramático.

2. ESPELHO

Às vezes acontece de um idoso relatar algo que lhe é bastante ansiogênico (mas apresentar uma atitude extremamente racional), só evidenciado por movimentos estereotipados de parte(s) do corpo. Peço ao paciente que escolha alguém que possa jogar o seu papel e solicito a esse ego-auxiliar que se sente no lugar do colega em questão, assumindo sua fala e sua postura estereotipada. Distancio-me, juntamente com o paciente, para que ele possa ver o seu "espelho" ali reproduzido. Na maior parte das vezes, a racionalidade cai por terra e, se a emoção não é desbloqueada com a visão especular, pelo menos há uma conscientização e um reconhecimento do conflito que se pretendia esconder.

3. TOMADA DE UM PAPEL SEM DELIMITAÇÃO DE CONTEXTO E SEM MARCAÇÃO DE CENA

Se alguém está fazendo um relato sobre um acontecimento recente ou do passado (citando uma pessoa em particular ligada ao seu átomo social), peço que escolha um outro componente do grupo para interpretar o seu papel e ele tomará o papel da figura mencionada. A partir daí deverão iniciar um diálogo espontâneo. (Na utilização dessa técnica as pessoas não se levantam dos seus lugares.) Tomemos o exemplo abaixo:

Elza está falando do quanto se preocupa com seu filho alcoolista e de sua dificuldade em lidar com ele, que, embora com 45 anos, está morando com ela após ter se separado da mulher. Elza toma o papel do filho e um outro elemento do grupo, o de Elza. O ego-auxiliar vai naturalmente repetindo o que acabou de ouvir, transformando o relato em diálogo.

Ego-auxiliar (Elza): "Eu estou muito preocupada com você, meu filho. Não pára de beber, chega tarde em casa, não está trabalhando direito... Tenho medo que você perca o emprego". (É importante acrescentar que o ego-auxiliar tem liberdade para colocar coisas não ditas mas percebidas.)

103

Elza (filho): "Eu vou parar de beber...".

Ego (Elza): "Você só promete e não cumpre...". (Como a paciente parece ter parado a frase no meio, peço-lhe um solilóquio. Diz: "Tenho vontade de dizer para ele que procure outro lugar para morar; afinal de contas, ele já é um homem de mais de 40 anos!...".)

Elza (filho): "Mamãe é uma chata. Vive me pedindo pra eu largar de beber. Mas eu ainda prefiro ficar aqui: tenho cama, comida, roupa lavada e não pago nada por isso! Enquanto ela não me mandar embora eu vou ficando. E eu acho que nunca tomará essa decisão. O que ela vai fazer com a bruta culpa que sente?".

Nesse instante ocorre o "*insight* dramático". A paciente retorna ao seu próprio papel, emociona-se e comenta: "É isso aí, estão vendo? Eu não coloco limites e realmente me sinto culpada só de pensar que posso ter uma conversa séria (com ele). Eu preciso criar coragem para poder dizer que é melhor ele morar num apartamento; melhor para nós dois".

Aproveito então esse instante para propor uma real dramatização, a partir do tema deixado em aberto. Por exemplo, no caso de Elza, havia o desejo de falar francamente com o filho, mas a "falta de coragem" a impedia. Portanto, o trabalho dramático poderia abordar essa dificuldade. Às vezes a proposta dramática é aceita; às vezes não. Quando a resposta é negativa, a justificação para isso se faz, em muitas ocasiões, por meio de frases do tipo: "Hoje já vi muita coisa; preciso de um tempo para refletir..." — o que acho importante respeitar.

4. PSICOTERAPIA DA RELAÇÃO

Fonseca Filho enuncia: "A psicoterapia da relação propõe ser uma ação pragmática da observação e compreensão do fenômeno relacional. O diagnóstico (no sentido de conhecimento) do inter é o meio para se atingir o diagnóstico de si mesmo, ou consciência de si mesmo (Eu)" (81).

Pode parecer estranha a utilização desse recurso dentro de um grupo, já que ele é essencialmente empregado nos contatos individuais (bipessoais). Entretanto, os resultados são bastante positivos, seja tanto no nível do próprio grupo, como da pessoa envolvida.

Sem que a paciente e eu saiamos de nossos lugares, comunico que tomarei o papel da pessoa sobre quem ela estava comentando até aquele momento, e que ela deve falar comigo (no papel da figura em questão) de modo espontâneo e fluido. Em geral, não estendo por muito tempo esse procedimento, para não criar desinteresses e mesmo sentimentos como inveja nos demais participantes do grupo. Também não emprego aqui a inversão de papéis "*lato sensu*", como diz Fonseca Filho. Naqueles curtos minutos de trabalho, se estou desempenhando um determinado papel, mantenho-o até o encerramento. Ao mesmo tempo, acho importante assumir posturas corporais ali reveladas por ocasião do diálogo (concretização).

II. Possibilidades de trabalho na etapa de dramatização propriamente dita

1. DRAMATIZAÇÃO COM TODO O GRUPO

Quando se dramatiza com todo o grupo, utiliza-se como recurso um determinado jogo psicodramático.[4] Reforço aqui a importância do seu emprego no Gerontodrama, pelos resultados bastante favoráveis que tenho observado.

Em algumas circunstâncias em que há a proposta de um jogo e os componentes do grupo comportam-se intimidados e envergonhados, não permitindo a liberação da espontaneidade e não manifestando conteúdos latentes seguramente existentes, emprego como auxílio a técnica denominada por Bustos de "duplo múltiplo" (33, p. 58).

Já que não trabalho com ego-auxiliar, faço eu mesma esse papel. Em primeiro lugar, congelo por segundos a cena que estava se desenrolando e chamo a atenção para a marcação de um ponto (almofada) que representará a minha pessoa (diretora). Então, aviso que entrarei na cena como se fosse um ser que ninguém pode ver, com quem não se pode conversar, mas que se pode ouvir. Caminhando pela sala entre eles ou mesmo parada em um determinado lugar, vou verbalizando os sentimentos que considero reprimidos pelo grupo como um todo. Ao mesmo tempo complemento a exteriorização do sentimento com algum gesto, postura ou movimento corporal. Realmente, como diz Bustos: "Isto favorece a tomada de consciência e permite ao grupo centrar sua atenção no conflito real" (33, p. 58).

Volto em seguida, silenciosamente, ao meu papel de diretora e aguardo a repercussão da técnica, que, de modo geral, produz resultados positivos. (A aplicação dessa técnica da forma como foi descrita é utilizada apenas nos G.I. Tão logo os pacientes passem a compreender melhor a linguagem e as consignas psicodramáticas, esse recurso é empregado de maneira mais simples, ou seja, não comunico previamente ao grupo o que farei. Introduzo-me na cena sutilmente, vou transmitindo a todos aquilo que considero relevante lhes apontar, e saio dela também de modo discreto.)

---

4. Para um melhor conhecimento dos tipos de jogos que emprego no Gerontodrama, convém reportar-se ao meu trabalho "O jogo dramático em psicodrama de grupo com pacientes da terceira idade".

2. DRAMATIZAÇÃO COM PROTAGONISTA

Se a dramatização ocorre com um protagonista escolhido sociometricamente por todo o grupo, utilizo, no contexto dramático, a maioria das técnicas comumente empregadas: solilóquio, auto-apresentação, entrevista (*interview*), duplo, espelho, inversão de papéis, concretização, realização simbólica, interpolação de resistências, etc. (cujas definições considero dispensáveis).

No trabalho protagônico, para dar início a uma dramatização, levo em conta os mecanismos deflagradores apontados, em linhas gerais, por Bustos, ou seja: "pelo relato direto do conflito, por um sintoma ou por um depósito transferencial, ou por técnicas de exploração" (32, p. 136).

A riqueza dramática está em construir, por meio de cenas sucessivas (as chamadas cenas intermediárias), o caminho que levará à cena primária (ou nodal) originária do conflito em questão (onde se encerra o processo de pesquisa dramática). Em seguida, toma-se a trajetória de retorno ao presente, à primeira cena, ao encalço da reparação, ou da "ação reparatória", como prefere Perazzo (142).

Entretanto, quando dei início a esse trabalho de grupo com idosos, observei que essas cenas eram mais difíceis de ter desenvolvimento (fosse por bloqueios em razão de defesas acirradas ou por limites impostos pelo paciente, que discutirei mais adiante — vide "Teoria Sociométrica — Fator Tele", p. 113). O mais comum de acontecer era a dramatização com cenas únicas.

Entendo por cena única aquela em que está presente apenas a horizontalidade do acontecimento dramático. A partir da eleição de uma determinada cena pelo protagonista, esta se constitui e se desenrola num plano paralelo, sem verticalização, isto é, sem conexão seqüencial com outras cenas do seu histórico que o pudesse conduzir à matriz do conflito. Ilustro esse tipo de cena com o exemplo de Olga, que inicia sua dramatização com base em um sintoma.

Toda vez que se sente ansiosa, Olga tende a se alimentar demasiadamente. Isso a entristece e a angustia porque não consegue controlar seu apetite exagerado.

Montagem da cena: sábado, hora do almoço, estão na sua casa, conversando na sala, suas duas filhas (mais nova: Silvana; mais velha: Catarina), seus dois genros e uma neta (Flávia, de 5 anos, filha de Catarina). Os egos-auxiliares assumem e jogam seus papéis. Olga caminha entre a cozinha e a sala, ora observando o fogo aceso, ora participando da conversa de família. Começa a se sentir ansiosa ao ver que se inicia uma discussão entre as duas filhas. Disputam infantilmente a atenção da mãe (a partir de um pedido feito por Catarina para a confecção de dois vestidos para Flávia). Olga vai se tornando cada vez mais ansiosa e trata de colo-

106

car logo o almoço na mesa, como forma de interromper a discussão, pois não sabe o que fazer diante daquela situação. Começa a se servir. Quando vai pôr a primeira garfada na boca, observa a quantidade de comida em seu prato e, em solilóquio, diz: "Nossa, o que eu fiz? Olha o tamanho do meu prato!... Ah! Vou comer assim mesmo...". Na pesquisa de uma cena intermediária e/ou mais antiga, Olga se mostra bloqueada. Como a discussão entre as filhas continua, fala espontaneamente que quer resolver aquela situação, mas que não sabe como fazê-lo. Está bastante ansiosa e denota certa raiva.

Utilizo nesse momento a técnica do espelho, que a auxilia a se aquecer para tentar um diálogo com as filhas. Busca amigavelmente falar com ambas; não a escutam. Insiste com elas (sempre em tom de voz meigo e suave); as filhas continuam ignorando-a. Surpreendentemente, altera sua voz (essa paciente tem sempre uma atitude doce e pacífica com as pessoas) e de forma firme e corajosa põe uma filha de cada lado do cenário, dizendo-lhes com autoridade e determinação: "Vocês precisam tentar resolver esse problema de ficar me disputando feito crianças nas suas terapias (ambas se submetem). Eu não posso nem quero ficar separando briga por ciúmes de uma, inveja da outra... Eu amo vocês duas, dou atenção e carinho às duas, igualmente, mas parece que vocês nunca se satisfazem... E tem mais uma coisa: eu nunca digo 'não' a vocês; daqui para a frente isso vai mudar porque acho que não está sendo bom nem para mim nem para vocês".

As duas filhas estão boquiabertas. Nunca ouviram a mãe falar assim. Escutam tudo em silêncio e concordam que agem como crianças ao disputar a atenção da mãe.

Olga está calma. Voltamos à cena do almoço. Ela olha o prato enorme e devolve mais da metade às travessas. Não está com vontade de comer tudo aquilo; era pura ansiedade. Termina a dramatização.

No *sharing*, o grupo compartilha com a paciente momentos significativos de suas experiências, em que foram necessárias atitudes imperativas, tanto quanto as de Olga, para que as próprias pessoas do enredo pudessem modificar-se (particularmente a figura envolvida).

(As cenas únicas têm grande importância para os idosos pela sua simplicidade e objetividade de ação, pelo tempo dramático breve e preciso, favorecendo, em poucos minutos, ricas evidências até então latentes. Se elas não têm o mesmo valor dramático de uma cena seqüencial, em que se pretende atingir a catarse de integração, possibilitam como expoente dramático deflagrar e, em muitos casos, resolver aspectos obscuros do inconsciente, atitudes gerais até então bloqueadas, mecanismos de defesa arraigados, visões novas de encarar uma determinada situação, etc.)

Além do trabalho protagônico com cenas múltiplas e cenas únicas, costumo também utilizar como recurso dramático de extrema valia o *role-playing* (quando a questão é a dificuldade em desempenhar e desenvolver um papel, desde que este não esteja fundamentalmente relacionado a aspectos transferenciais que mereceriam o aprofundamento das fases do "percurso transferencial" (142)).

Exemplo: Sonia, de 54 anos, está pensando em comprar um carro para poder locomover-se mais independentemente pela cidade, mas não sabe dirigir. Acha o trânsito de São Paulo muito pesado e tem dúvidas sobre se conseguirá aprender. Na dramatização monta a seguinte cena: uma auto-escola, com uma secretária e um instrutor.

No diálogo travado entre ela e os egos-auxiliares (secretária e instrutor), combinam o preço da aula e o dia e a hora em que iniciará o aprendizado. No dia marcado lá está ela, bastante ansiosa. É a sua primeira aula. O instrutor explica-lhe os primeiros detalhes, que Sonia não consegue absorver, em razão de sua tensão. Volta mais uma vez à aula. Tudo se repete. Seguem-se a terceira, quarta, quinta aulas, e a cada uma delas Sonia vai apresentando atitudes diferentes e menor grau de ansiedade. Experimenta um número razoável de aulas, até o momento em que vai sentindo-se segura e tranqüila a ponto de comentar que, ainda naquela semana, irá procurar a auto-escola.

No compartilhar, as pessoas trocam suas experiências pessoais e tentam aproveitar o instante para estimular Sonia a dar andamento e colocar em prática o seu desejo atual.

E. CONSIDERAÇÕES TEÓRICAS

Nesses anos de trabalho com os idosos tenho tentado objetivar e vincular a prática do Gerontodrama à filosofia moreniana, sem privilegiar, entretanto, um ou outro tópico. Contudo, alguns aspectos foram mais questionados e analisados que outros e por isso cresceram em significado. Dentre esses pontos cruciais estão:

* Categoria do momento
* Teoria da espontaneidade — Criatividade e conserva cultural
* Teoria sociométrica — Fator tele
* Expansividade emocional
* Teoria do papel

Nesse instante é imprescindível chamar a atenção para um aspecto sumamente relevante: todos os comentários, análises, reflexões e opiniões levantados e citados no decorrer desta seção estão fundamentalmente ligados às observações práticas realizadas em todos os grupos com os quais trabalhei e venho trabalhando. Elas não têm, de forma alguma, o caráter ou a pretensão de fazer uma leitura ou colocar um ponto final nas características, comportamentos e atitudes do velho, num sentido geral.

I. CATEGORIA DO MOMENTO

O indivíduo que dá os primeiros passos pela fase da meia-idade ou ingressa na terceira etapa da vida é alguém que viveu pelo menos cinqüenta anos de existência. Carrega consigo uma gama de experiências (positivas, negativas), um outro infindável número de sentimentos e sensações com respeito a si mesmo, ao outro, às coisas. Tem um passado que pode ter sido rico ou pobre, triste ou alegre, produtivo ou improfícuo (com suas nuanças variando conforme o dia, a hora, o tempo, os acontecimentos). Tem um presente aparentemente conhecido e um futuro indeterminado, cuja única certeza é a sua morte (com data ignorada).

"Quanto mais velhas ficam as pessoas, mais fracas são as projeções de futuro, já que elas têm um longo passado, mas um curto futuro" (129, p. 132). Essas palavras de Moreno levam a algumas perguntas: Como não viver somente do passado? Como iluminar o presente? Como viver esse período (presente) que, muitas vezes, é pleno de incertezas? E como compreender e familiarizar-se com o chamado momento dramático do "aqui e agora"?

Geralmente, quando o idoso entra em contato com essa circunstância (*a priori* tão insólita para ele), costuma haver uma grande dificuldade na tradução desse complexo "aqui e agora" (que às vezes estende-se durante um tempo mais longo no processo psicoterapêutico).

Jaspers diz: "... o homem é levado e acorrentado por seu passado; mesmo pelo passado esquecido. No que ele se transforma, é esse passado que determina, mas também a maneira como ele o elabora, visto que o homem é, a cada momento, tanto resultado quanto início e origem de sua história. Levado por seu passado, apreende possibilidades de seu futuro. O bios como permanência é, sem dúvida, sempre passado que se transformou em imagem. O bios como realidade é igualmente futuro que ainda há de reiluminar, reapropriar, reinterpretar tudo quanto é passado" (106, p. 845).

Penso que essas palavras vão ao encontro das de Moreno quando ele enfatiza: "A categoria do momento só tem significado num universo aberto, isto é, num universo em que tem lugar a mudança e a novidade. Num universo fechado, pelo contrário, não existe momento e, com sua ausência, não há crescimento, espontaneidade ou criatividade" (130, p. 155).

Em outra ocasião, coloca: "O 'aqui e agora' da existência é um conceito dialético. A única maneira em que os passados percebidos e os futuros percebidos existem é no aqui (neste lugar) e no agora (neste momento). O 'aqui e agora' pode ter existido em numerosos passados e pode estar alentando numerosos futuros" (127, p. 52).

109

Analisando Jaspers e Moreno, poder-se-ia dizer que a maioria dos idosos apresenta uma grande tendência de permanecer acorrentada a seu passado, não se propondo mais a viver o momento existente, "o aqui e agora", com vigor e criatividade, permanecendo fechada ao novo, às mudanças, "como se" aguardando a morte.

Para Moreno, a realidade humana durante seus instantes vivenciais é composta de três fatores que se interligam e mostram dependência entre si: o *locus nascendi*, o *status nascendi* e a matriz. Bustos define com objetividade esses pontos, mencionando: "Estas três coordenadas marcam a dinâmica que estrutura toda a tarefa dramática. Assim, em um sistema importará buscar sua matriz, fatos particulares que o geraram, seu *locus* ou conjunto de circunstâncias mais amplas dos quais este se nutre e o *status nascendi*, processo de estruturação do sintoma" (33, p. 27).

A vivência existencial (dramática) do passado do idoso (onde há um tempo concreto em um *locus* determinado) transportada para o presente real, em que as situações do cenário, os figurantes e seus vínculos não são aqueles do seu antigo tempo, dificulta, ou mesmo bloqueia, a execução do papel a ser tomado. Presentificar o seu passado em um contexto (dramático), através de uma dada experiência, é adentrar um universo obscuro que causa medo e insegurança.

A princípio, sua reação é pensar que aquilo é impossível de se realizar e, muitas vezes, se nega ao trabalho; ou, então, portar-se com uma atitude estereotipada de "contar o acontecido", impedindo o desenrolar da cena e/ou efetuando sucessivos desaquecimentos.

Alguém que passou anos de sua vida conquistando, retendo, guardando, conservando, não pode repentinamente captar essa nova situação filosófica. "Trocar" o seu passado tão conhecido e palpável por um momento de surpresa é fazer com que o geronto abandone uma das suas prováveis características: o viver mais voltado para o plano da realidade objetiva.

Como me referi na seção "Dramatização" (p. 83), o velho tem sérias dificuldades, dentre outras, em desenvolver fantasias. Estas, a meu ver, são um sério empecilho para o entendimento do "aqui e agora". Explico por quê: no momento em que lhe é proposta uma dramatização que parte em busca da matriz do conflito atual, existe geralmente uma cena inicial que será montada (e não necessariamente a partir de um acontecimento recente). Aqui, ele (idoso), já se depara com a primeira dificuldade.

Como trazer para um cenário fictício algo que realmente aconteceu, que teve fundamento histórico? Como algo tão sério (referindo-se à psicoterapia) pode estar ligado a uma técnica tão absurda? E mais uma vez surge a pergunta: como transportar um passado longínquo, tão rico em experiências, para um "simples momento" chamado "aqui e agora"?

Perazzo salienta de maneira límpida e prática o seguinte: "Para que uma dramatização ocorra é necessário que o grupo, e em particular o protagonista, possa movimentar-se simultaneamente no plano da realidade objetiva e no plano do imaginário ou da fantasia. Se o grupo ou o protagonista se encontram apenas no plano da realidade objetiva, a conseqüência lógica é a de não poder desempenhar papéis psicodramáticos. Cada um estará desempenhando apenas papéis sociais para aquela situação naquele momento" (142).

Portanto, o defrontar-se com o subjetivo e o abstrato fomenta a vontade de achar graça, criticar, achar a situação ridícula. Essa reação, provavelmente, é para esconder a sua decepção em se mostrar incapaz de, naquele instante, penetrar no mundo do irreal, do "como se". E também para não deixar vir à tona o enorme medo de entrar em contato com situações traumatizantes aparentemente apagadas do seu rol mnésico.

A matriz de toda problemática do idoso está guardada, inconscientemente, a sete chaves e, para alguns, não convém abrir essa porta. Além de, parecer ser difícil para ele redimensionar o *locus* dos seus conflitos.

Entretanto, o velho como "idoso vivaz" (vide conceito a respeito) se esforça para mudar sua atitude preconcebida e se propõe conhecer o incógnito, o misterioso; a destrinchar o supostamente tão complicado mundo das consignas psicodramáticas, do "faz-de-conta", que inevitavelmente se expressará dentro do momento vivencial do "aqui e agora".

II. TEORIA DA ESPONTANEIDADE — CRIATIVIDADE E CONSERVA CULTURAL

Tanto a saúde do indivíduo como a de todo o grupo se deve, fundamentalmente, para Moreno, à saúde da espontaneidade. Para ele, "Espontaneidade atua no presente, aqui e agora". "Embora seja a mais antiga em termos universais e na evolução, é a força menos desenvolvida nas pessoas e, freqüentemente, inibida e desencorajada pelas instituições culturais" (129, p. 58).

A espontaneidade, como enfatiza Moreno, não está concentrada em reservatório; não é quantificável. Ela é (ou não) disponível e se revela no exato instante em que o indivíduo dela necessita e de acordo com a exigência da circunstância. Sua resposta deve variar segundo o grau de intensidade do estímulo numa escala que vai de zero ao máximo. É a imagem moreniana da lâmpada que, quando se acende, a tudo ilumina. Se é apagada, todas as coisas permanecem no mesmo local, mas a qualidade luminosa (espontaneidade) desaparece.

Segundo esse pressuposto não se deveria pensar que a espontaneidade diminui com o passar dos anos. Entretanto, o que parece ocorrer é que, à medida que se envelhece, as conservas culturais vão se tornando mais evidentes e com isso vai havendo, automaticamente, um movimento de restrição ao surgimento da espontaneidade. É como se não existisse espaço para a sua manifestação, preenchido pelas conservas.

Portanto, poder-se-ia dizer que, se a criança é espontânea e criativa nos seus atos, isto decorre não somente do fator "e" (fator espontaneidade), mas também da sua menor absorção às conservas. Estas vão crescendo na proporção do crescimento do homem. Quando ele se torna adulto (e depois, quando envelhece), sua espontaneidade vai decaindo — como se ele fosse perdendo a posse da sua referência vivencial — e as conservas culturais vão, por sua vez, tomando vulto cada vez maior. Assim, quando o velho é estimulado, suas respostas vêm dotadas, geralmente, de inespontaneidade, porque as conservas não permitem resposta diferente daquela até então bastante conhecida.

Moreno, se tivesse estudado a velhice, talvez chegasse a dizer que o velho, excetuando casos especiais, é a própria conserva cultural. *A priori*, ele se "conforma" com tudo ao seu redor ("conformar" no sentido de "resignar-se, acomodar-se"), o que nada mais é do que a exteriorização de uma atitude conservadora.

No entanto, há muitos velhos que não estão assim tão "em conserva". O que faz com que alguns apresentem maior espontaneidade do que outros? Como uns poucos conseguem criar com 80, 90... anos? Quais são as razões que diferenciam um geronto criativo/espontâneo de outro, pouco ou muito inexpressivo?

Sinto que os homens têm um desejo comum de respostas mais conclusivas nesse setor... Que se pudesse descobrir e possuir algum fluido mágico que, se não fosse capaz de prolongar a vida, pelo menos fizesse perdurar em cada ser humano a fonte constante de espontaneidade e criatividade.

No Capítulo 3, quando me refiro aos "Aspectos Psicológicos" do envelhecimento (p. 43), enumero casos de idosos famosos que "não envelheceram psicologicamente", conservando até idade avançada características espontâneas e criativas.

Sem dúvida, entram em jogo como possível aproximação de respostas àquelas questões os aspectos biológicos, psicológicos e sociais de cada indivíduo.

Na tentativa de continuar buscando respostas para os aspectos ligados à espontaneidade e à criatividade no velho, considero interessante analisar os quatro expressivos elementos que as constituem (todavia, infelizmente, parecem ainda não ser suficientes para explicar a fonte constante de espontaneidade e criatividade, variável em cada ser humano).

a. Qualidade dramática

O tempo vivido que fez o geronto experienciar inúmeras vezes um determinado fato não é razão suficiente para que ele abandone ou se esvazie da capacidade de inovar e modificar esse mesmo fato. O saber e o poder renovar cada ato, por mais antigo que seja, é que produz o chamado "idoso vivaz", como me referi em outro capítulo. A qualidade dramática para Moreno "opera como um cosmético para a psique. Faz com que o indivíduo pareça mais jovem e mais inteligente do que é, mas não o torna biologicamente mais jovem nem muda a sua inteligência de um modo significativo. Muda a atmosfera da sua aparência psicológica" (130, pp. 140-1).

Sem sombra de dúvida, os idosos, quando estão se iniciando no grupo terapêutico (e, às vezes, até com tempo maior de psicoterapia), apresentam-se com essa aptidão diminuída. Sua vivacidade para expressar-se e transformar o rotineiro em algo novo manifesta-se bloqueada. Só o tempo, a permissibilidade da terapeuta exercendo a função de deliberante da sociedade ("iniciador social" para Moreno) e a capacidade para compreender que pode e tem direito a "soltar-se", a reconquistar seu referencial espontâneo perdido em algum ponto da existência, é que fazem com que o geronto libere ou recupere sua espontaneidade. Mediante essa reconquista fica mais fácil entender o significado do "aqui e agora".

b. Criatividade

É a habilidade que todo sujeito tem, em maior ou menor grau, em aderir ao movimento contínuo de criação do novo e de decomposição das conservas e dos estereótipos. Esse processo, embora conectado à espontaneidade, representa outra categoria. O próprio Moreno explicita: "Quando se trata de um homem determinado, sua espontaneidade (fator S) pode ser diametralmente oposta à sua criatividade (fator C); dito de outro modo, tal indivíduo pode possuir um alto grau de espontaneidade e ser incapaz de criar algo; pode ser um idiota espontâneo. Ao contrário, outro indivíduo pode possuir um alto grau de criatividade, mas achar-se desprovido de toda espontaneidade; é um criador "desarmado" (127, pp. 53-4).

"Sem a espontaneidade, a criatividade fica sem vida; sua intensidade vital cresce e diminui de acordo com a sua participação na espontaneidade. Ao inverso, a espontaneidade sem criatividade fica vazia e estéril. Em conseqüência, a espontaneidade e a criatividade aparecem como pertencendo a categorias diferentes; a criatividade pertence à categoria da substância — é a arquissubstância — , a espontaneidade à categoria dos catalisadores — é o arquicatalisador" (127, pp. 53-4).

O que se observa nos idosos responde à premissa moreniana. Há nos grupos indivíduos extremamente inteligentes e criativos que são totalmente inespontâneos, e outros espontâneos, mas esvaziados de criatividade. Em outra parte do trabalho refiro-me aos indivíduos mais simples, menos ricos intelectual e culturalmente que teriam, de forma geral, maior facilidade para a dramatização. Reforço essa colocação acrescentando o seguinte: esse aspecto foi observado naquelas pessoas que atendi no Hospital do Servidor, pois algumas delas tinham um nível sociocultural e intelectual inferior às demais e, surpreendentemente, jogavam papéis e apresentavam maior criatividade e espontaneidade nas cenas dramáticas (e, inclusive, na vida diária). No consultório, onde praticamente todas as pessoas têm o mesmo nível (intelectual, social e cultural), nota-se que surgem nos grupos quatro tipos de atitude ligados à criatividade e à espontaneidade: os bloqueados nos dois campos; os espontâneos mas não criativos; os criativos mas não espontâneos; e os espontâneos e criativos.

O que parece acontecer com o idoso é que, nos casos em que ele resgata a sua espontaneidade, muitas vezes esse resgate vem associado ao da criatividade. E, quanto "mais aquecidos terapeuticamente" (isto é, mais compromissados e ávidos por mudar), mais deixam fluir seus recursos criativos, utilizando por inteiro suas outras capacidades (mnésicas, de inteligência, raciocínio, etc.).

c. Originalidade

Esse fator está sumamente relacionado ao ineditismo, à singularidade. No meu modo de ver, quando alguém cria alguma coisa, este ato criador, para assim ser considerado como algo novo e peculiar, deve vir associado à originalidade. Caso contrário, será simplesmente uma "recriação".

Moreno salienta que a originalidade, como forma de produção, expande-se para a conserva cultural. Cita o exemplo das crianças e dos adolescentes que conseguem acrescentar algo inédito ao antigo, mantendo, portanto, sua natureza e sendo originais.

Os idosos "não podem" e "não devem" ser muito originais em seu cotidiano, em sua vida. Se chegam a sê-lo, acabam por entrar em conflito com familiares, amigos, entidades religiosas, a sociedade em geral. O velho, na realidade, é moldado por essa sociedade e ela o quer, na maioria das vezes, estagnado, imutável, mantenedor dos mesmos padrões rígidos, vigentes há séculos no nosso mundo ocidental.

Margareth Mead, citada por Zally Queiroz, comenta que os nossos velhos fazem parte de uma geração que mais tem presenciado e enfrentado mudanças nas diversas áreas: da tecnologia, da medicina, meios de comunicação, etc. Entretanto, essas mudanças não têm sido suficientes para mudar a mentalidade do próprio idoso ou de toda uma sociedade.

Existe "no ar" uma visão secular de que o homem, quanto mais velho for, também mais discreto e "bem-comportado" deverá ser. Se por acaso vier a mostrar-se original em alguma coisa, que essa originalidade não vá contra os preceitos morais e preconceitos da coletividade, pois senão ele (velho) estará fadado a sérias críticas e ameaças. Outras vezes, ele não se permite ser original porque o seu próprio preconceito não lhe dá consentimento. Para exemplificar: dois pacientes (Jair, de 72 anos, e Sílvia, de 56) vieram à sessão, em ocasiões diferentes, de bermuda (ele veio primeiro, de bermuda e tênis; um bom tempo depois, ela veio com uma saia-calça, na altura do joelho).

Ele se sentiu totalmente à vontade no grupo e na rua e nunca deixou de usar a vestimenta por constrangimento ou por receio de ser criticado pelo outro; pelo contrário, até hoje, quando o calor é intenso, ele faz questão de vesti-la, em razão da própria necessidade. Ela chegou ao grupo se sentindo estranha e, no trajeto de ônibus, de sua casa ao consultório, sentiu-se envergonhada e até ridícula. Havia guardado a saia durante meses por não ter coragem de usá-la e, naquele dia, quando o fez, ficou totalmente inespontânea e preocupada com o seu preconceito e com o do outro.

Pode parecer que nada há de original na conduta de um senhor ou de uma senhora quando resolvem se vestir com bermudas. Realmente não existiria se estivéssemos em uma cidade praiana, mas em São Paulo tal ato não deixa de ter uma conotação original — os idosos não costumam, na maior parte das vezes, vestir-se assim em suas próprias casas, quanto mais para saírem à rua!

d. Adequação da resposta

O indivíduo reage diante de uma determinada situação nova, segundo Moreno, de três formas:

1. *Não fornece nenhuma resposta* — o indivíduo não conseguirá fornecer nenhuma resposta espontânea se a vontade em produzi-la estiver relacionada à sua incapacidade para tal. Estão incluídos os medos, as fantasias inconscientes e todos os fatores mencionados anteriormente (quando discuto as dificuldades gerais do paciente na dramatização).

2. *Dá uma resposta velha* — a espontaneidade em geral inexiste. É a resposta mais corriqueira entre os idosos que procuram psicoterapia.

3. *Fornece uma nova resposta* — "... a resposta a uma nova situação requer senso de oportunidade, imaginação para a escolha adequada, originalidade de impulso próprio em emergências, pelo que deve responsabilizar-se uma especial função 'e'. É uma aptidão plástica de adaptação, mobilidade e flexibilidade do eu, indispensável a um organismo em rápido crescimento num meio em rápida mudança" (130, pp. 143-4).

Sem dúvida que o velho, enquanto reprimido socialmente e sentindo organicamente os efeitos dos anos, não pode apresentar, em geral, a mesma resposta adequada como propõe Moreno. Sua aptidão plástica, tomando por base que plasticidade é a capacidade para moldar, reproduzir, adquirir uma determinada forma, vai inevitavelmente diminuindo com o envelhecimento. Por mais inteligente, vivo e perspicaz que ainda se conserve durante a velhice, nem sempre é capaz de fornecer uma resposta adequada.

Em contraposição, poder-se-ia dizer que a adequação a respostas está ausente quando a fantasia de um indivíduo se exacerba. Levando-se em conta que o idoso, como já referido, tem maior dificuldade em fantasiar, imaginar, brincar, talvez fosse conveniente dizer, então, que ele poderia apresentar maior capacidade para responder adequadamente ao estímulo, pois o seu mundo real/racional se presentificaria em maior proporção.

Enfim, o que tenho observado nos grupos é que o surgimento do estado de espontaneidade (com todos os seus fatores intrínsecos) depende do momento, do assunto ou da situação em questão e, fundamentalmente, da pessoa em particular. De modo geral, há uma maior espontaneidade dos participantes quando entra em jogo algum estímulo para o qual se pressupõem respostas racionais. Quando a fantasia e a imaginação são os estímulos principais, ocorre uma menor liberação da espontaneidade, que, no entanto, tende a aumentar com o decorrer do processo psicoterápico.

Moreno cita em momentos diferentes a imagem da colina (ou morro ou ladeira) para explicar o estado de espontaneidade. Em um deles diz o seguinte: "O artista improvisador deve ir se aquecendo, e o faz como se subisse uma ladeira" (132, p. 82). Em outro fala: "... a propósito do estado de espontaneidade: 'Nem sempre aparece do primeiro golpe: devemos nos aproximar pouco a pouco, como se subíssemos por uma colina...'" (128, p. 226).

Em síntese, devo concluir dois pontos básicos sobre o fator espontaneidade, no que concerne aos pacientes de grupo:

1. Para que o idoso chegue a procurar psicoterapia tem de se partir do pressuposto que sua espontaneidade não está totalmente bloqueada;

pelo contrário, ela existe, nem que seja em pequena amostragem. Sem esse fator, o indivíduo não teria condições sequer de pensar em procurar auxílio psicoterápico.

2. Com o desenvolvimento da psicoterapia, o velho tende a resgatar cada vez mais a sua espontaneidade de modo semelhante à imagem moreniana da colina: sem precipitação e lentamente, como se caminhasse por atalhos difíceis desse morro, onde determinados cuidados são necessários para o alcance da meta.

III. TEORIA SOCIOMÉTRICA — FATOR TELE

Toda a teoria sociométrica está dirigida para o estudo, a análise e a medição das relações interpessoais. Entre uma pessoa e outra existe um eixo de sustentação que Moreno concebe como de extrema importância: o vínculo. E a essência de toda relação interpessoal, que, inclusive, possibilita a compreensão vinculada e sociométrica dos indivíduos, é denominada "fator tele". Sua importância é capital na visão moreniana, e Garrido Martín, nos seus estudos sobre Moreno, declara que esse fator relacional é o segundo eixo de sua teoria.

Para Moreno, "o tele pode ser considerado como fundamento de todas as relações interpessoais sadias e elemento essencial de todo método eficaz de psicoterapia. Repousa no sentimento e conhecimento da situação real das outras pessoas (...) o tele existe sempre e normalmente, desde o primeiro encontro, e (...) cresce de um encontro para o outro" (129, p. 52).

Em outro instante compara o gene — unidade biológica — com a tele — "unidade sociogênica, que funciona como transmissora de nossa herança social" (128, p. 220).

Se de um lado da relação interpessoal tem-se o fator tele atuando saudavelmente no vínculo, do outro (lado) tem-se a transferência — elemento patológico capaz de deformar e desintegrar essa relação através das fantasias inconscientes. Moreno atenta, além disso, para um outro fenômeno psicológico ao qual ele denominou "empatia" e que seria a projeção de um sentimento de alguém para um outro por meio de uma única via, isto é, sem "duplo sentido" como na tele.

A empatia costuma aparecer como o primeiro movimento de aceitação do outro. Posteriormente, surgem os primeiros sinais representativos de que a percepção télica (de ambos os lados) se efetua e se concretiza.

O fator tele, segundo Moreno, se fortifica com o passar da idade e, por conseqüência, poder-se-ia afirmar que a transferência diminui.

É assim que se afigura, a meu ver, a tele dos idosos que passaram, até hoje, pelos grupos que dirigi. Suas relações com o outro mostraram-se, na maioria das vezes, providas desse fator, enquanto o aspecto transferencial se apresentou enfraquecido.

Quando o grupo é G.I., sem dúvida que o fator tele é menor. É como se estivessem diante do outro com apenas um olho aberto, que obviamente favorece a percepção de todo o campo ao redor, mas não com a mesma visão de quem tem os dois olhos abertos. Inclusive, nessa ocasião, eles apresentam uma atitude que chama a atenção. Muitas vezes captam alguma mensagem do outro, mas não se dão o direito de decodificá-la para si mesmo e para o grupo. Percebem a importância da relação e sentem que ela é mútua, porém atemorizam-se em expô-la. Conforme o tempo vai passando e a pessoa se sentindo mais espontânea e à vontade com a outra, ambas se permitem fazer leituras télicas significativas, confirmando a reciprocidade existente.

Moreno reforça que a durabilidade e a coesão do grupo estão diretamente relacionadas ao excesso de transferências e estas não podem ser a vida constante do grupo. Para ele, o relacionamento humano tem uma dupla orientação, isto é, os dois indivíduos implicados na relação apresentam um determinado sentimento pelo outro. Isto é expresso de uma maneira mais clara mediante as chamadas configurações sociométricas (de atração, rechaço e indiferença).

Tomando por base esses três critérios, tenho observado, nos grupos, que os idosos costumam, muitas vezes, fazer escolhas positivas em relação aos companheiros de grupo; dificilmente ou quase nunca apresentam eleições negativas ou indiferentes. Quando estas surgem é porque, basicamente, entra em jogo algum aspecto transferencial de um dos lados da relação, logo apontado e trabalhado terapeuticamente.

Imaginar que alguém (no caso, um idoso) possa, dentro do Gerontodrama, não fazer escolhas negativas ou indiferentes é tender a acreditar que essa pessoa deva estar afetivamente empobrecida ou embotada. Entretanto, o que tenho notado, e que para muitos pode parecer absurdo, é o que Moreno comenta: "... alguns indivíduos possuem a respeito de outros uma 'sensibilidade': parecem ligados por uma alma comum. Quando se animam e liberam sua espontaneidade, se estabelece entre eles uma espécie de acordo afetivo que freqüentemente não pode atribuir-se ao simbolismo verbal" (128, p. 210). Por mais incrível que possa afigurar-se, os idosos parecem apresentar essa "alma comum". Sua atitude e sua postura diante do outro são quase sempre amigas e simpáticas. Quando é feita a proposta da entrada de um novo elemento no grupo, aceitam-na de forma imediata e unânime. Quando é sugerida uma dramatização a um protagonista, costumam acatá-la amigavelmente dizendo palavras verdadeiras de incentivo ao companheiro. Mostram-se curiosos e aquecidos para o trabalho, no caso de precisarem agir como egos-auxiliares. Parece que o fato de fazerem parte de um grupo social mais esquecido os leva a serem modestos nas suas possíveis exigências com o outro, sempre se prontificando a retribuir, a ajudar, e sua demonstração de simpatia não é algo forçado ou enganoso. Dificilmente levantam a voz ou evidenciam algum tipo de agressividade para com o outro. Costumam apresentar uma atmosfera psicológica interior de maior complacência, tranqüilidade e benevolência diante dos movimentos do outro. Parecem sentir necessidade de mostrar-se mais compreensivos, menos irredutíveis e mais conciliadores diante de quase tudo e todos.

(Parecem também reagir de modo mais complacente às situações frustrantes que, em geral, poderiam promover no adulto jovem uma reação mais agressiva. Se a sua aspiração tornar-se ou for inatingível, aparentemente não haverá "grande" revolta, "grande" tristeza, "grande" frustração. É provável que consigam harmonizar-se mais pacificamente com o inacessível, com o inconquistável.)

Quando os idosos necessitam tomar papéis na cena dramática (como protagonista ou ego-auxiliar) em que se impõe uma atitude ou fala mais agressiva, sua dificuldade nesse campo se comprova. Muitas vezes saem do papel para dizer: "Eu não gosto disso. Eu não sei brigar. Eu acho feio falar alto ou ser agressivo" e outras frases semelhantes. Em outras ocasiões param a cena para perguntar à terapeuta se aquilo (referindo-se ao ato hostil) é mesmo indispensável ou se existe um outro caminho.

É inegável que essas atitudes estão diretamente ligadas a alguns fatores que enumerarei abaixo:

Dificuldades próprias do papel de agressivo: Quando um indivíduo sente-se intimidado para tomar o papel de agressivo porque se lhe impõem mecanismos defensivos (resistência), essa questão deve ser terapeuticamente trabalhada. Todavia, muitas vezes isso não é aceito pela pessoa. (É importante frisar que me refiro aqui ao papel de agressivo tomado na cena dramática e como confronto com figuras transferenciais, e não ao papel de luta como sinal de empenho e entusiasmo pela vida.) Defrontado na dramatização com uma situação conflitiva que reclama resolução, esmorece ou acha inconveniente lidar com ela por meio de hostilidade. Questiona a validade da ação dramática e acaba por se desaquecer. Essa situação poderia sugerir uma falta de habilidade da terapeuta para fazer a manutenção do aquecimento. Confesso que, no primeiro grupo que dirigi, cheguei a pensar assim, mesmo me utilizando de recursos específicos para aquela ocasião (duplo, solilóquio, entrevistas curtas, evitação de inúteis trocas de papel, etc.). No entanto, com o desenvolvimento do meu papel de psicodramatista e aprendendo a manejar de modo mais apurado as técnicas do Psicodrama, notei que determinados pacientes ainda continuavam a apresentar os mesmos obstáculos. Quando o idoso não aceita trabalhar esse ponto nevrálgico de sua personalidade, ele deixa de ser escolhido pelos demais colegas, como ego-auxiliar, para as cenas que requeiram atitude agressiva, o que aparentemente não repercute mal sobre sua pessoa. Continua levando a sua vida sem aparente conflito com esse papel não desenvolvido, o qual também parece não funcionar como empecilho para a conquista de novos caminhos.

Dificuldades na compreensão do "aqui e agora": Novamente essa dificuldade eclode, resultado de uma confusão da vivência momentânea com a situação real de vida. Exemplifico: uma protagonista de 56 anos está para confrontar-se com um pai severo e autoritário de 83 anos. Pára no meio da cena e diz: "Coitadinho, ele agora está tão velhinho! Eu não tenho coragem de enfrentá-lo, de dizer algumas coisas que eu penso dele" (como se fosse falar com um pai "real"). Isso me obriga a tomar medidas de reaquecimento que incluem, entre outras, a acentuação do momento ora vivido, isto é, um instante dramático vivenciado no "aqui e agora".

Colocação de limite, pelo protagonista, no desenrolar da cena dramática: Essa situação acontece quando o indivíduo se sente, aqui e agora (por ocasião de algum tipo de trabalho dramático), suficientemente preenchido de descobertas e conhecimentos. Os exemplos mais característicos são os de Estela e Elza (citados respectivamente às páginas 84 e 103), que guardam semelhanças na forma de colocar limite preciso e definido no término da dramatização. Elas foram capazes de afirmar que não tinham condições de dar continuidade ao trabalho porque o que presenciaram e vivenciaram naquele momento havia sido suficiente.

Retomando o fio da meada quando me referia aos critérios de escolha, devo apenas acrescentar que, quanto mais antigo o grupo, maior a possibilidade de uma ampliação na interação grupal. A percepção do outro vai crescendo cada vez mais e a relação interpessoal torna-se mais rica.

Se o fator tele é um "processo interno do átomo social" (128, p. 214), como assim menciona Moreno, à medida que o grupo vai evoluindo, seus átomos sociais vão se ampliando e criando raízes — as redes sociométricas —, fundamentando o processo de escolha entre os elementos grupais.

IV. EXPANSIVIDADE EMOCIONAL

Moreno não se deteve longamente nos estudos sobre a "expansividade emocional" do ser humano e, em geral, esse tema é pouco discutido e difundido entre os teóricos do Psicodrama.

Não me proponho neste trabalho a debatê-lo, mas apenas a descrevê-lo e a relacioná-lo, dentro do possível, com o comportamento dos idosos.

Na realidade, Moreno faz menção a dois tipos de expansividade: a emocional e a social, ambas bastante interligadas. Diz ele: "(...) se a força de expansão de nossa vida emocional fosse tão incrivelmente grande a ponto de nos capacitar a produzir e manter bilhões de amizades e outros relacionamentos hostis, nosso universo social explodiria de tanta afeição e paixão" (133, v. II, p. 153). Em outro momento considera que a família é a instituição social mais responsável pela expansão tanto social quanto emocional do homem e aponta: "A plasticidade do recémnascido é, provavelmente, muito maior do que a do adulto — talvez, potencialmente, infinita. A expansividade do interesse emocional tem sido moldada pelo grupo familiar não apenas em qualidade, mas também em quantidade" (133, v. II, p. 153).

Pelas suas colocações, a expansividade emocional está ou é, fundamentalmente, ligada à quantidade (volume) de relações que o indivíduo apresenta (ou "suporta") em um determinado instante da existência. Moreno mesmo ratifica essa premissa quando menciona que, sendo a família um grupo de poucas pessoas, a criança terá menor possibilidade de vir a apresentar grande número de relações; é como se ela se acostumasse a esse pequeno limite social e não estivesse preparada para expandirse emocionalmente. Quando se tornasse adulta, para que seu equilíbrio se mantivesse, seria pertinente a manutenção desse limite tomado como média. Portanto, sua possível sede de expansão seria controlada pelo hábito do passado.

A seguir, amplia o entendimento do conceito, quando fala dos testes de medição. A expansividade emocional é medida pelo "Teste de Pais" e "Teste de Família" e a expansividade social pelo "Teste de Familiaridade".

"O teste de expansividade emocional mede a energia emocional de determinado indivíduo, tornando-o capaz de 'segurar' a afeição de outros indivíduos por dado período de tempo, diferindo da expansividade social, que é, meramente, o número de indivíduos com quem o sujeito estabelece contato social, não importando se é capaz de mantê-los ou não" (133, v. II, p. 154). Cita o exemplo de uma mãe de família que tem três filhos e capacidade de distribuir tranqüila e seguramente o seu afeto entre eles; se um quarto filho nasce, essa mesma mãe passa a se sentir insegura e ansiosa. Se porventura a família cresce mais ainda, até o sétimo filho, é difícil para ela dividir o volume de sua expansividade emocional entre todos, pois ultrapassa seus limites afetivos.

Portanto, a expansividade emocional está diretamente conectada ao comportamento e à ação de uma pessoa. Não importa propriamente quantas escolhas ela tenha feito, mas o quanto consegue se ligar afetivamente àqueles que elege e quais as respostas úteis que fornece a essas ligações. Se estas, em número, excedem o limite interno específico e particular de cada um, há uma tendência automática do sujeito de selecionar seus afetos: atração para alguns, rechaço para outros, indiferença para com terceiros.

"O teste de familiaridade mede o volume da expansão 'social' de um indivíduo, o alcance de seus contatos sociais" (133, v. II, p. 156). Para Moreno esses contatos sociais dizem respeito àquelas pessoas familiares, conhecidas, com quem se trava conhecimento mediante relação direta ou, então, indiretamente, por meio de outro indivíduo ou mesmo até por correspondência.

Nos grupos de Gerontodrama, quando eles são G.I., costuma haver uma certa formalidade entre os membros (seja na sala de espera ou no início de uma sessão; mais nesta do que naquela em razão da mudança de contexto). Parece que para eles a expansividade social toma vulto à medida que (consciente ou inconscientemente) possam "trocar figurinhas" com o outro, isto é, se disponham a auxiliar, de alguma maneira, aquele que necessita de algo, ou que eles supõem ter necessidades. (Por isso as atitudes, algumas vezes até estereotipadas, de fornecer receitas, endereços, conselhos etc.)

Quanto à expansividade emocional, ela vai criando corpo, e as seleções vão sendo efetuadas na proporção em que os contatos vão possibilitando freqüência maior. Em geral as eleições são quase sempre feitas positivamente, ou melhor, existe espontaneamente uma atração afetiva real pelos colegas de grupo.

Essa energia que vai surgindo entre os participantes funciona com maior ou menor "retenção" do afeto. Quando ela é muito grande, sempre acaba acontecendo de essas pessoas sentirem desejo de dar continuidade extragrupo ao seu relacionamento com a outra: procuram-se, telefonam-se, saem juntas. Quando o afeto é menor, a simpatia pelo outro existe, mas é mantida a exclusividade dentro do tempo determinado da sessão.

Quando Moreno fala de expansividade emocional não se refere à questão do afeto como forma de expressão, como demonstração afetiva dirigida ao outro (ou dele recebida), cujo aspecto final seria a troca física amigável, isto é, os abraços, os toques, os aconchegos, os afagos (respeitadas as ocasiões propícias em que espontaneamente as pessoas trocam afeto de modo compromissório e não por mero modismo, superficialismo ou excessos desnecessários, muitas vezes, infelizmente, observados em condutas, inclusive, de psicodramatistas).

Acho importante abrir um espaço para esse fator ligado à demonstração afetiva e tentar transcrever o que tenho observado nas pessoas

122

idosas que participam dos grupos (uma ressalva óbvia: a dificuldade com relação ao toque físico não é exclusividade dos velhos; muitos adultos jovens apresentam-na).

Os idosos na atualidade, de modo geral, tiveram no passado uma educação rígida e preconceituosa. Afeto e demonstração afetiva eram sinônimos de coisa feia, ou desnecessária, imoralidade, leviandade, exagero. Para uma senhora que um dia foi menina, sentar-se no colo do pai era indecoroso; para um garoto, beijar a mãe na face era falta de respeito. (Infelizmente, por mais incrível que possa parecer, ainda existem indivíduos mais jovens que lidam da mesma maneira com essas situações.)

A falta desses afetos desenvolve nos idosos de hoje, provavelmente, uma extrema carência, não compensada pelo contato com os filhos, aos quais talvez não tenham podido e conseguido transmitir seus afetos. Entretanto, o que se nota é que essa carência parece ser compensada pelo contato com os netos, uma vez que a demonstração afetiva desses é extraordinariamente espontânea, funcionando como um movimento liberador da expressão afetiva do velho.

Mas, apesar dos netos (quando eles os têm), costumam chegar ao grupo terapêutico carentes e com uma demonstração de afeto essencialmente contida e reprimida. Excetuando, como me referi em outra parte, os cumprimentos da chegada e partida por meio de um, dois ou três beijinhos no rosto (muitas vezes um gesto automático), que passam a pôr em prática após as primeiras sessões de grupo, em geral poucos aceitam o contato físico. Alguns logo se mostram arredios e nada comentam a respeito; outros apresentam atitude inibida (com posturas corporais enrijecidas), mas permitem-se colocar sua dificuldade em aceitar e dar afeto. Outros imediatamente "soltam-se" e comentam: "Ah, como isso é bom!", "Poxa, quanto tempo não tenho um carinho assim...", ou: "Nunca tive um afeto desse jeito...".

Essas maneiras de reagir são mais explícitas quando o contato é com a terapeuta, com quem conseguem se sentir mais à vontade e mais permissivos. Entretanto, quando a expressão de afeto é entre eles, surge uma maior dificuldade. Se o grupo é G.I., mesmo que se sintam emocionalmente envolvidos com o acontecido (por exemplo, quando um protagonista acabou de dramatizar), sua postura é de discreta aproximação, e o máximo que conseguem realizar é uma inibida carícia. Quando o grupo é G.P.L., esse papel de demonstrador afetivo já está mais desenvolvido, porém mesmo assim ainda conservam certa restrição ao contato. Percebe-se que muitas vezes eles têm vontade de atuar mais livre e espontaneamente, mas em função de sua própria inibição ou repressão do outro tendem a assumir uma atitude mais formal. Nesses momentos, quando percebo a intenção mas noto seu controle, estimulo-os a fazerem aquilo que sentem vontade, deixando claro que a atitude deve ser espontânea e não obrigatória.

Em suma, o poder da expansividade emocional no idoso é menor em comparação com os mais jovens, principalmente se for levado em conta o fator "demonstração de afeto". Esse ponto sofrível da personalidade do idoso é algo bastante trabalhado nos grupos, e o que em geral se nota é que os resultados têm sido bastante favoráveis.

O poder de expansividade social também pode ser considerado mais comprometido entre os idosos, pois eles tendem a se recolher aos seus lares, impossibilitando maiores contatos sociais.

V. TEORIA DO PAPEL

Em toda a sua obra, Moreno mais de uma vez enfatiza que o desempenho de papéis de um ser humano surge antes do aparecimento do "eu" (ou da personalidade), e cada um desses papéis é conseqüência de dois tipos de fatores: o elemento individual e o denominador coletivo.

Discutindo a filosofia moreniana, Garrido Martín reforça: "Já se torna admissível e até aceitável a definição psicológica de papel como o aspecto tangencial do que denominamos eu" (96, p. 212). "... assim como o homem não pode experimentar-se como eu, senão através da conduta, biograficamente, uma criança nunca poderá ter consciência do seu eu, se não começar a desempenhar papéis. O primeiro que existe é o papel e dele surge o eu" (96, p. 213).

Todo ser humano, do nascimento até a sua morte, passa por inúmeras experiências e vivências que o vão predispondo (ou não) à tomada de diversos papéis. Alguns lhe são tributados normalmente (ou impostos), independentemente de sua vontade. Outros ele escolhe, perde, abandona ou rejeita. Em suma, é enorme a sucessão de papéis que podem, num determinado momento maior ou menor da existência, ser afastados ou vir a se incorporar ao indivíduo, em dimensão social.

Rocheblave-Spenlé, citada por Perazzo, salienta que os americanos tendem a considerar decadentes temas tais como a velhice e a morte, além de colocar o idoso como uma pessoa que não tem papéis. "Segundo ela, a atitude européia de vincular a confrontação com a morte e a velhice à sabedoria e à serenidade contribui para uma melhor inserção social do velho sem necessidade de recorrer a papéis surrados de um drama acabado" (142, p. 110).

Perazzo fala ainda de um acontecimento (mencionado por pesquisa demográfica) ocorrido em Tietê, interior de São Paulo. Lá, há anos, teria havido um êxodo de pessoas para outras cidades maiores, em razão, basicamente, da falta de emprego. Após a aposentadoria, esses habitantes retornaram à cidade, completamente sem papéis, como se estivessem prontos para morrer.

Esse episódio não é incomum em nosso país, pelo contrário, sempre estamos ouvindo e presenciando histórias de indivíduos que migram para a capital (geralmente, para ganhar melhores salários, embora nem sempre compatíveis com o esperado) e que, quando começam a envelhecer ou se aposentam, retornam à sua terra de origem. O aspecto negativo desses casos é que a bagagem conquistada nos anos de labuta quase sempre é ignorada por eles mesmos ou pelas pessoas que os cercam. Acabam por autodenominar-se ou são chamados de "velhos" no sentido pejorativo: incapazes, inúteis, imprestáveis, etc., etc. e que não apresentam ou não devem mais desenvolver papéis.

Infelizmente, no Brasil, a sociedade considera "normal" o indivíduo envelhecer sem querer entrar em contato com novos papéis. De certa forma, parece até que se espera mesmo do idoso uma "boa" conduta, isto é, adaptar-se aos papéis conhecidos e não ousar, não investir em qualquer fator que possa ter a aparência de coisa nova e que possa levar à assunção de novos papéis. Portanto, é até certo ponto natural que o velho prefira, muitas vezes, isolar-se no seu mundo e nem sequer chegue a pensar ou se imaginar criando, transformando, desenvolvendo. Aqui entram em jogo não somente a influência do meio (o "peso" do social) como também, com muita força, as características de sua personalidade (leia-se idoso "não vivaz", como referido em outro capítulo).

Entretanto, o idoso que procura psicoterapia tem uma visão diferenciada. Embora inúmeras vezes venha ao consultório com muitos medos (conscientes e inconscientes), esses nem sempre funcionam como empecilhos para o desabrochar de novos papéis. Paulatinamente vai resolvendo seus temores e cada vez mais vai tendendo a abrir a porta à conquista de novos papéis.

Gonçalves, Wolff e Castello de Almeida (99) referem que o papel tem dois significados primordiais: o de unidade de representação teatral (e de ação) e o de função social. De acordo com as funções sociais de uma pessoa, segundo sua situação socioeconômica, sua classe social, seu átomo social e sua rede sociométrica, podem ser citados alguns exemplos do papel:

a) Papéis relacionados à profissão: dentista, professor, etc.
b) Papéis relacionados à classe social: patrão, operário, etc.
c) Papéis constituídos por atitudes e ações: líder, revolucionário, etc.
d) Papéis afetivos: amigo, namorado, etc.
e) Papéis familiares: pai, avó, mãe, etc.
f) Papéis determinados pelas instituições: diretor, deputado, etc.

Moreno apresenta um estudo amplo em relação às particularidades do papel. Menciona que, em geral, um indivíduo espera desenvolver na vida vários papéis (e não apenas aqueles que lhe foram outorgados naturalmente), assim como a outra pessoa da relação também pode viver uma vasta quantidade de contrapapéis. Além disso, segundo ele, todo e qualquer papel pode estar desenvolvido, em cada indivíduo, de uma determinada forma. Pode estar pouco, muito ou normalmente desenvolvido; quase ou completamente ausente; "pervertido numa função hostil" (130, p. 29); presente em relação a alguém, porém ausente em relação a outrem; presente em uma certa ocasião do passado, mas ausente no momento atual.

Os papéis são, portanto, como formula Moreno, as ramificações do eu. O bebê, antes mesmo de nascer, e logo após seu nascimento, vive em um mundo totalmente indiferenciado, que foi denominado de "matriz de identidade". Essa matriz não pode ser experimentada, mas os papéis já existem na vida do bebê (por exemplo, papel de filho, neto, etc.). "Os papéis são os embriões, os precursores do eu, e esforçam-se por se agrupar e unificar" (130, p. 25).

Neste período (de identidade total e identidade total diferenciada) a criança vivencia os componentes reais e fictícios num conjunto de papéis que Moreno designou como psicossomáticos. À medida que a matriz de identidade vai lentamente se dissolvendo, a criança que até então encontrava-se no chamado "primeiro universo" passa para o "segundo universo", onde já começa a apresentar mais autonomia e a diferenciar realidade de fantasia. A brecha entre esses dois pólos proporciona o aparecimento de dois outros conjuntos de papéis, aqueles "que correlacionam a criança com pessoas, coisas e metas no ambiente real, exterior a si mesma" e a pessoa, objeto e metas que ela imagina estarem fora de si mesma (130, p. 124), respectivamente denominados de papéis sociais e papéis psicodramáticos.

Neste trabalho não tenho como proposta discutir os conceitos dos papéis acima mencionados, mas apenas citá-los para mostrar que, a partir de sua criação, Moreno passa a falar em "conglomerados" de papéis (também nomeados de "*clusters*"). Tais papéis, ao se agruparem, dariam origem ao "eu" (eu psicossomático, eu psicodramático, eu social). São suas as palavras: "Os papéis não estão isolados; tendem a formar conglomerados. Dá-se uma transferência de *e* (espontaneidade) dos papéis não representados para os que serão representados. A esta influência dá-se o nome de *efeito de cacho*" (130, p. 230).

Bustos desenvolve o conceito de *clusters*, na tentativa de complementar a lacuna deixada por Moreno. Distingue três tipos de *clusters*, relacionados com as dinâmicas internas dos pacientes. São eles:

126

Cluster 1 — representativo da atitude passiva e dependente;
Cluster 2 — representativo da conquista da autonomia;
Cluster 3 — representativo da troca, do partilhar, da rivalidade, do competir.

O autor coloca que : "Ter acesso a cada um poderia ser a resposta para aquele equilíbrio instável chamado maturidade" (36, p. 6). Logo adiante afirma e depois pergunta: "Nós devemos procurar pelas feridas nos diferentes *clusters*. Quais são os papéis preservados? Quais são os papéis mais afetados? Quais são as funções que necessitam retreinamento e reparação?" (36, p. 6).

A partir desses estudos (que dão uma idéia da amplidão da abrangência do papel), e somando outras tantas perguntas às de Bustos, tentei observar o velho nos seus vários modos de reagir diante um determinado papel que lhe é, por exemplo, voluntária ou involuntariamente atribuído, que está disponível à sua frente (o qual ele se nega a aceitar), ou que um dia fez parte de sua estrutura interna e foi perdido (por imposição social ou pelas contingências vitais...).

Como resposta a algum desses questionamentos, numa visão geral, arrisco-me a fazer certas considerações sobre os papéis que os idosos experimentam e vivenciam em seu processo de envelhecimento. Apoio-me para isso nas categorias do papel, sem pretender esgotar suas possibilidades e levando em conta apenas aqueles conceitos que sugerem objetividade e praticidade, deixando de lado os ligados aos sentidos e à fantasia. As categorias às quais me refiro são as seguintes:

- Tomar, aceitar, assumir ou adotar.
- Desempenhar, jogar ou representar.
- Criar ou reformular.
- Desenvolver.
- Abandonar ou desistir.
- Perder.
- Rejeitar ou negar.
- Ignorar.
- Recuperar.
- Escolher.
- Conquistar ou ganhar.
- Ampliar.

Como mencionei no item 4 de "Indicações" (p. 64), parece existir uma tênue e sutil linha de separação entre todas essas possibilidades do papel, que me proponho a definir, neste momento, sinteticamente, ilustrando com alguns casos (apesar de sua descrição ter resultado em algo um tanto árido para quem lê).

TOMAR, ACEITAR, ASSUMIR OU
ADOTAR PAPÉIS (ROLE-TAKING)

Esses quatro verbos apresentam, praticamente, o mesmo sentido e serão definidos em oportunidade próxima (veja também a seção "Indicações" para o Gerontodrama, p. 58). No entanto, é interessante citar o que Moreno fala a respeito: "a tomada de papéis é atitude já congelada no comportamento da pessoa. (...) é produto acabado, conserva de papéis" (133, v. I, p. 179). Representa, portanto, adotar um papel que de *per se* já está pronto, estabelecido (às vezes até cristalizado) e não permite modificação.

A partir de estudos metodológicos quantitativos de medição do papel, Moreno conclui que tomar e desempenhar papéis têm origem comum e são ambos participantes do mesmo processo. "Em centenas de ensaios comprovou-se que a tomada de papel não é só um processo cognitivo, e que, por outra parte, o desempenho de papel não é só uma conduta, uma ação pura e simples: conhecimento, percepção, conduta e ação se misturam sutilmente e não podem separar-se. Há papéis que se podem desempenhar e outros que não se podem desempenhar; papéis aceitáveis e inaceitáveis; papéis que se desempenham antes de serem capazes de aceitação; papéis aceitáveis antes de se poder desempenhá-los; há papéis corretos, deformados, parciais, nos quais a percepção do papel se escapa; papéis corretos, deformados, que se é incapaz de desempenhar convenientemente" (128, pp. 71-2).

O comportamento dos idosos diante da tomada de um papel depende, basicamente, a meu ver, das características de sua personalidade.

O idoso "não vivaz" provavelmente se sentirá melhor, isto é, mais à vontade, com papéis fixos e imutáveis que independem de criação e espontaneidade. Imitar o outro e assumir papéis mais antigos, sem dúvida, é mais fácil e não denota sensação de ansiedade e sentimento de medo.

Um dos trabalhos mais desenvolvidos no grupo é sobre a tomada de papel (ou papéis). Ilustro com um exemplo:

Quando Mariana entrou no grupo, não podia "nem ouvir falar" em idade, envelhecimento, velhice, muito embora tivesse consciência de que aquele grupo, do qual participava, era de terceira idade! Quando alguém usava frases em que se incluía a palavra "velho" (ou similares), imediatamente fazia uma anedota ou criticava a outra pessoa pelo "uso indevido" do termo. Não assumia a sua idade, o seu papel de pessoa de 62 anos. Tinha medo de confrontar-se com ele.

Quando começou a tomar consciência de sua não-aceitação como pessoa idosa, logo descobriu que se denominar ou se considerar velha representava estar próxima da morte. Velhice e morte eram sinônimos!

A partir do instante em que pôde integrar os seus anos de experiência com o entusiasmo de viver ainda presente dentro de si e desvincular o momento da morte com a sua idade, pôde aceitar o seu papel de senhora, idosa, avó (que até então não admitia), sem vergonha, medo ou desrespeito para consigo mesma.

DESEMPENHAR, JOGAR OU REPRESENTAR PAPÉIS (ROLE-PLAYING)

O jogo de papéis, para Moreno, "pode ser considerado procedimento experimental, método de aprendizado para o desempenho mais adequado dos papéis. (...) O jogo de papéis é ato, brincadeira espontânea ..." (133, v. I, p. 179). Reforça ainda a questão da tomada e do jogo de papéis, que teriam a mesma gênese e apresentar-se-iam como duas fases de um mesmo processo. O indivíduo não pode tomar um papel sem, ao mesmo tempo, jogá-lo, desempenhá-lo. Por isso, acentua que ambas as ações caminham de mãos dadas.

O desempenho de papéis (ou "representação", como também fala Moreno) já permite certa flexibilidade, liberdade, possibilita uma maior exatidão à medida que vai sendo cada vez mais executado e pode ser desempenhado ou jogado no cenário dramático ou na vida real.

Na cena dramática o papel é desempenhado a partir da atribuição ou escolha de algum papel feito por ele mesmo ou alguém, seja atuando nos jogos dramáticos ou nos trabalhos como protagonista. Exemplo: em um jogo espontâneo em que todos estão na praça de uma cidade do interior, reunidos em razão de uma festa, os participantes desempenham (jogam, representam) seus papéis com mais ou menos facilidade (papéis escolhidos por eles: prefeito, pároco, fazendeira, cozinheira da fazenda, moleque jornaleiro, costureira, banco de jardim da praça e boneca).

Na vida real o papel existe e é desempenhado a partir de uma determinada função social (escolhida ou não pela própria pessoa ou por outrem). Exemplo: desempenhar o papel de pai, mãe, avó, filho, professor, amigo, etc.

CRIAR OU REFORMULAR PAPÉIS (ROLE-CREATING)

A discussão sobre criar e reformular papéis foi mais bem examinada e exemplificada na seção "Indicações" para o Gerontodrama, p. 58.

Na criação do papel o grau de liberdade é alto e fazem parte a ousadia e o empreendimento criativo do indivíduo.

O idoso "vivaz" em geral se comporta de maneira mais espontânea para o ato criativo. Às vezes poderá apresentar dificuldades para o jogo de papéis na dramatização (apontadas em outros instantes), mas não fugirá à tentativa de compreender a linguagem e a técnica psicodramáticas. Estará aberto aos possíveis e prováveis *insights* dramáticos e à criação de novos papéis.

DESENVOLVER PAPÉIS

O desenvolvimento de papel implica que o indivíduo, em princípio, assumiu (ou está para assumir) um determinado papel que até então não existia, pouco ou mal elaborado, pouco ou mal trabalhado na sua vida, necessitando, portanto, de um aperfeiçoamento. Presume-se então que a pessoa deverá colocar em ação os elementos necessários para atingir o objetivo final, que é o de melhorar e fazer progredir esse dado papel.

Se depender exclusivamente do desejo do idoso, de modo geral a sua tendência é dar desenvolvimento a poucos papéis a cada ano de vida. Entretanto, o geronto com menor ansiedade e temor e maior interesse pela vida (leia-se "idoso vivaz") chegará a desenvolver alguns papéis pelos quais já sentia simpatia no passado (ou simpatizou-se no presente), ou então que lhe foram dolorosamente impostos pelas contingências vitais. Exemplo: desenvolver o papel de turista tão aguardado pelos idosos e conquistado após a aposentadoria (sei que a realidade brasileira é cruel e que estou me referindo a um número ínfimo de idosos, mas o exemplo serve apenas como ilustração); desenvolver o papel de viúva (necessário à sua vida em face de uma determinação contingente).

ABANDONAR PAPÉIS

O indivíduo pode abandonar ou desistir de um papel em razão de pelo menos duas situações importantes:

1. Quando o papel não faz mais parte do interesse da pessoa e ela resolve, espontaneamente, extinguir com a existência desse papel (portanto, o abandono é determinado por ela mesma). Exemplo: Carla foi freira durante muitos anos e resolveu abandonar esse papel em prol de outros dois: o de casada e professora (abandono voluntário).

2. Quando o papel provém de situações em que há uma conotação de obrigatoriedade, isto é, de imposição de vida. Exemplo: Célia é obrigada a abandonar seu papel de dona de mercearia porque adoeceu (abandono involuntário).

O idoso tem grande dificuldade em abandonar papéis que já assume há muito tempo e, geralmente, é raro fazê-lo (como no primeiro exemplo citado).

Quando o abandono é independente de sua decisão, costuma, parte das vezes, deprimir-se e, usando o exemplo de Célia, sua recuperação torna-se mais difícil.

Se o papel é recente, isto é, o velho acabou de conquistá-lo, tanto pode ser difícil abandoná-lo (no caso de uma imposição) como fácil, se porventura não sentiu simpatia por ele. Para ser mais exata, ilustro a explicação com dois exemplos correspondentes: 1º) Nasceu o primeiro neto de Fausto e isto lhe traz uma grande felicidade. O recém-nascido adoece e vem a falecer. O papel de avô que havia conquistado e assumido, e que pretendia desenvolver, inesperadamente lhe é arrancado, o que determina obrigatoriamente o seu abandono; 2º) Dália resolve fazer um curso de fabricação de chocolates, com a intenção de desenvolver um novo papel — o de chocolateira —, cujo ganho lhe auxiliaria na despesa de casa. Entretanto, no decorrer do curso começa a sentir certo desinteresse pela atividade. Mesmo assim se forma e atua, algumas vezes, na nova função, fabricando seus chocolates. Passado um tempo relativamente curto, resolve abandonar, desistir, voluntariamente, desse novo papel, por achar difícil e complexo (entre outras coisas) conciliar a elaboração do produto com as vendas.

PERDER PAPÉIS

Para que um indivíduo possa vir a perder um papel, tem de se partir do princípio de que ele (papel) já existe, é assumido (seja um papel recente ou antigo) e está sendo eliminado de sua vida (também em função, de modo geral, das eventualidades). Exemplo: perder o papel de casado, de profissional, de amigo, de avô (como no caso de Fausto, no exemplo acima citado).

O idoso, pelo processo natural de vida, como já comentado, é aquele que mais tende a perder papéis, em razão de seus anos de existência. Em geral essas perdas vêm carregadas de angústia, principalmente se estão ligadas a papéis muito antigos e estruturados. Exemplo: Maura é solteira e vive com sua irmã casada (marido e uma filha) e mais um irmão solteiro. Além da forte ligação afetiva que os une, Maura é bastante dependente deles. Num espaço curto de tempo, perde simultaneamente a irmã e depois o irmão. Essas perdas de papel de irmã causam-lhe intensa dor e angústia; desestrutura-se emocionalmente e entra em grave quadro depressivo.

É óbvio que numa situação de perda deve-se de valorizar também os aspectos psicodinâmicos do luto. Sem me ater profundamente a essa discussão, que foge do roteiro, aproveito para transcrever as quatro fases sucessivas do luto descrito por Bowlby que "não são bem delineadas, e qualquer pessoa pode oscilar, durante algum tempo, entre duas delas" (29). A primeira dessas fases servirá de apoio explicativo para um exemplo que menciono no item seguinte ("Rejeitar ou negar papéis"). São elas:

"1 — Fase do entorpecimento que geralmente dura de algumas horas a uma semana e pode ser interrompida por explosões de aflição e/ou raiva extremamente intensas.

2 — Fase de anseio e busca da figura perdida, que dura alguns meses e por vezes anos.

3 — Fase de desorganização e desespero.

4 — Fase de maior ou menor grau de reorganização" (29, pp. 87-8).

REJEITAR OU NEGAR PAPÉIS

Existe uma sutileza conceitual entre os dois termos que quase parecem inseparáveis. No entanto, "negar" também pode ser empregado isoladamente.

Rejeitar ou negar representa não querer, não escolher, não optar, deixar de lado um dado papel. Exemplo: se Maria rejeita o papel de cozinheira do lar, automaticamente ela está negando o exercício daquela função. O inverso também é válido: se Maria nega o papel de cozinheira é porque ela está rejeitando a função ora designada para si.

É muito difícil o velho rejeitar um dado papel que lhe foi atribuído. Em geral, aceita-o passivamente, mesmo que não seja o que deseja. É a sua grande dificuldade em dizer "não" que aparece em diversas situações, inclusive nesta, em que algum papel lhe é imposto e ele não consegue rejeitá-lo.

O sentido de "negar" como condição única, não ligada à rejeição, tem outro significado: caracteriza a não-assunção de um determinado papel que lhe foi obrigatoriamente atribuído. Exemplo: Wilma acabou de perder seu marido e, quando lhe é dirigida a palavra, nega a verdade da morte; nega a perda ocorrida. "A maioria delas sente-se chocada e, em proporções diferentes, incapaz de aceitar a notícia. Observações como 'Eu simplesmente não podia acreditar', 'Não podia aceitar', 'Parecia um sonho', 'Não parecia ser real', são freqüentes" (29, p. 88). Essa fase, denominada de entorpecimento, ocorre com mais freqüência com os idosos, que só irão trabalhá-la em psicoterapia, de modo geral, depois de tempo significativo de processo.

132

IGNORAR PAPÉIS

A meu ver, ele apresenta dois sentidos:

1. Implica que o papel não é determinado pelo próprio sujeito, mas sim pelo outro e sem o seu prévio conhecimento. Exemplo: Afonso atribui a Joaquim o papel de malandro, mas Joaquim não sabe disso (portanto, ignora).

2. O papel não lhe traz nenhum interesse particular e o indivíduo pode simplesmente assumir uma postura de abnegação, desconhecendo sua existência. Exemplo: Saul não gosta de esportes e ignora a possibilidade de adotar qualquer papel nesse campo.

Os idosos são muitas vezes conhecidos por papéis que lhes são depreciativamente designados (em geral, pelos familiares), dos quais não têm conhecimento (ignoram). Exemplo: gagá, pão-duro, ridículo.

Em relação à segunda possibilidade, é bastante comum os gerontos mostrarem desinteresse por novos papéis, que não lhes trazem nenhuma atração, o que os leva a ignorar sua existência.

RECUPERAR PAPÉIS

Essa condição surge, geralmente, em dois casos:

1. Quando o indivíduo perde ou abandona um determinado papel, por imposição social, e consegue novamente obtê-lo mediante luta e forte desejo de conquista. Exemplo: Artur, chefe de departamento de uma firma, perde o seu papel de chefe. Discute com seu superior a questão e luta por recuperar seu cargo, conseguindo-o após algum tempo.

2. Quando o próprio indivíduo determina a sua recuperação. Assim, usando o exemplo de Carla, citado anteriormente, suponhamos que ela, após algum tempo de casada e inadaptada a essa vida, tenha abandonado o marido e voltado ao convento. Ela estaria abandonando espontaneamente o papel de casada e recuperando o de freira.

ESCOLHER PAPÉIS

Representa selecionar dentre vários papéis existentes um específico que mais atraia o idoso; escolher um papel antecede a tomada e o desempenho do papel. Exemplo: Cida, em um jogo dramático, escolhe jogar o papel de fada. Em seguida assume-o (perante si mesma e o outro) e põe-se a desempenhá-lo.

Na vida real o idoso geralmente porta-se como alguém que tende a ter poucas opções de escolha. Dificilmente elas são colocadas à sua frente (ou porque realmente o outro não lhe proporciona condições ou porque não se permite esse direito) e, portanto, o que lhe for oferecido é o que deve aceitar. Quando inicia o tratamento psicoterápico aprende ou desenvolve a capacidade de lutar por esse direito de escolha, tantas vezes sonegado pela família ou por ele mesmo.

CONQUISTAR OU GANHAR PAPÉIS

Pressupõe-se que o indivíduo tenha uma meta a alcançar e que a conquiste mediante o combate pessoal.

Os idosos sentem-se, em geral, enfraquecidos e desanimados para a conquista de papéis. Quanto mais velhos vão ficando (ou se sentindo), menos interesse apresentam para lutar por um objetivo. Se por acaso não forem estimulados por outra pessoa (por exemplo, um familiar), não chegam nem a dar início ao processo de conquista. Entretanto, quando se submetem ao Gerontodrama, um aspecto freqüentemente trabalhado (e que apresenta bons resultados) é o desenvolvimento desse papel de "conquistador" de outros papéis (o papel de conquistador é empregado aqui não com um sentido amoroso-sexual, mas com uma conotação englobante de ganho, alcance, aquisição). Exemplo: Márcia tem vontade de cursar uma faculdade, mas acha-se velha para isso. À medida que vai trabalhando no grupo esse desejo tão marcante (mas não capaz, por si só, de impulsioná-la aos exames de admissão) vai se armando de coragem. Estuda, presta o vestibular e entra. Conquistou um novo papel — o de aluna.

AMPLIAR

Nesse caso já existe um determinado papel preestabelecido e assumido pelo indivíduo, que se propõe, em dado momento, a aumentar o seu campo de ação. O fato de um determinado papel já existir (enquanto assunção) não implica, necessariamente, maior facilidade para a sua modificação, ou seja, ampliação. A conquista e a ampliação de papéis guardam uma similitude, pois ambas pressupõem uma luta de trabalho da pessoa e forte vontade para obtê-lo. O mecanismo para fazer crescer um papel é o mesmo que impulsiona o homem para uma determinada conquista (do papel), mas subentende-se que na ampliação haja uma maior expansividade do papel. Exemplo: Desde que se aposentou, Ari tem se empenhado em desenvolver novos papéis com os quais sonhava quando era mais moço: leitor, escritor, compositor. Eis que com a vinda dos netos começa a criar e a desenvolver mais um novo papel: o de marceneiro. Começa a construir brinquedos para as crianças e a cada dia que passa se aperfeiçoa nessa função, ampliando seu papel de marceneiro para o de pintor e inventor de brinquedos.

Para encerrar este item transcrevo as palavras significativas de Garrido Martín: "... o homem não pode viver só e, vivendo com os demais, tem de se adaptar a certas normas de convivência. Estas normas impõem uma maneira de agir a que chamamos conduta, e o modo concreto de aceitá-las é adotando um papel. Às vezes, o indivíduo pode escolher o seu papel, outras vezes tem de aceitar o que lhe é imposto; num ou noutro caso, porém, a sociedade lhe exige uma conduta de acordo com esses papéis. Daí, externamente, o indivíduo pode ser definido como um intérprete de papéis" (96, p. 212).

5

Pequena incursão sobre o narcisismo na terceira idade

... o homem é conduzido *por seus ideais e* empurrado *por suas ambições.*

Heinz Kohut

A proposta de incluir um capítulo sobre o "Narcisismo na Terceira Idade" está ligada à influência recebida de algumas leituras psicanalíticas que apresentam um crescente interesse pelo tema e afirmam que ele (narcisismo) aumenta nessa fase da vida; a uma visão mais aprofundada que ele nos fornece da psicodinâmica do processo de envelhecimento e da velhice, e, ainda, ao fato de os trabalhos existentes no Psicodrama, a respeito do assunto, tratarem apenas do narcisismo no adulto jovem. Enfatizo, todavia, que meu objetivo fundamental é apenas fazer, como o próprio título menciona, uma simples incursão sobre o tema.

Em primeiro lugar, discorro sobre algumas definições de narcisismo. O assunto pode parecer, para muitos (que não estão familiarizados com a terminologia psicanalítica), de difícil compreensão, devendo nesse caso recorrer às referências bibliográficas citadas.

É interessante notar que seu conceito não é tão simples como parece. Alguns autores o descrevem utilizando unicamente termos específicos, o que torna mais difícil seu entendimento aos estudiosos iniciantes e, algumas vezes, não esclarecem, com precisão, as divergências existentes na conceituação, particularmente na diferenciação entre narcisismo primário e secundário.

Laplanche e Pontalis definem: "O narcisismo primário é um estado precoce em que a criança investe toda a sua libido em si mesma. (...) Em Freud, o narcisismo primário designa de um modo geral o primeiro narcisismo, o da criança que toma a si mesma como objeto de amor, antes de escolher objetos exteriores" (113, p. 290).

137

Sobre o narcisismo secundário os mesmos autores conceituam: "(...) designa um retorno ao ego da libido retirada dos seus investimentos objetais. (...) Para Freud o narcisismo secundário não designa apenas certos estados extremos de regressão; é também uma estrutura permanente do sujeito (...)" (113, p. 290).

Kohut, um dos grandes teóricos da Psicanálise que se aprofundou no tema, define: "O conceito de narcisismo primário (...) não se refere ao campo social, mas ao estado psicológico do bebê. Compreende a afirmação de que o bebê originalmente vivencia a mãe e suas ações, não como um tu e suas ações, mas segundo o ponto de vista de um mundo no qual a diferenciação eu-tu ainda não foi estabelecida" (112, p. 9).

Henri Ey, quando descreve o desenvolvimento psicológico do recém-nascido (de 1 a 6 meses) o faz da seguinte maneira: "Não existe para ele nem dia nem noite, nem sono nem vigília, nem objetos nem pessoas. Encontra-se por inteiro na experiência original do prazer (desfrutar e rechaçar a dor) e imerso unicamente na busca desta satisfação (narcisismo primário, auto-erotismo). Reflexos e emoções não são senão indicações da existência de um primeiro 'objeto', o seio materno. Este é sugado, depois mordido, constituindo a primeira relação que une o recém-nascido ao seu mundo, o do bom objeto vorazmente incorporado e o do objeto, mau, exterior (Freud, Abraham, M. Klein) que se repele" (77, p. 17). Para esse autor, "o caráter 'narcisista' constitui a forma substitutiva e sobrevivente do auto-erotismo primitivo. Caracteriza-se por uma conduta de afirmação, impulsiva, a busca, a qualquer preço, do êxito e do prestígio, a impossibilidade de tolerar os fracassos ou as críticas" (77, p. 420).

Há muitas controvérsias a respeito do conceito de auto-erotismo e narcisismo primário, inclusive nos trabalhos iniciais de Freud, que, entretanto, por volta de 1916-17 parece concluir que "o narcisismo seja o estado geral e primitivo do qual, posteriormente, sem que isso implique seu desaparecimento, surja o amor a objetos exteriores. (...) Resulta, pois, que o auto-erotismo é a atividade sexual da fase narcisista de ubiqüidade da libido" (93, II, p. 2381). Não pretendo, aqui, entrar nos pormenores dessa discussão, pois minha proposta é ater-me, basicamente, ao narcisismo como tese de estudo na terceira idade.

Do ponto de vista psicodinâmico, o narcisismo na terceira idade está ligado ao mito de Urano (nome grego) ou Céu (terminologia latina). Reproduzirei resumidamente sua história. A tradição conta que Céu era marido de Gaia (nome grego) ou Terra (termo latino) e com ela teve filhos que odiava (os Titãs, os Cíclopes e os Hecatônquiros). Tão logo eles nasciam, escondia-os no seio da Terra, determinando que ali vivessem para sempre. Isso desencadeou uma revolta muito grande da esposa que resolveu vingar-se, convocando seus filhos para castigar o pai. Nenhum deles aceitou o desafio, à exceção de Saturno, que era o mais jovem de todos.

Na noite seguinte, enquanto Céu dormia com a Terra, Saturno aproximou-se e, com uma foice, fornecida pela própria mãe, cortou os testículos do pai, atirando-os ao mar. Das gotas de sangue que novamente fecundaram a Terra, nasceram as Erínias ou Fúrias, os Gigantes e as Melíades e, dos testículos lançados ao mar (ou do sêmen), emergiu uma espuma que deu origem a Vênus.

Como já foi comentado em outra seção, quando o indivíduo começa a envelhecer, uma série de transformações vão ocorrendo na esfera física e mental. Seu corpo não apresenta o mesmo vigor comparado aos 20 anos de idade, sua memória o trai, os primeiros exames médicos começam a ser realizados, os primeiros medicamentos, ingeridos. Mesmo que ele se sinta muito bem, já não é mais visto da mesma maneira pelo outro, pois também na área social vão ocorrendo modificações.

Salvarezza (160) enfatiza que a sociedade vai se mostrando segregacionista em relação ao idoso, pois na corrida tecnológica ele sempre perde. Não somente tem de adaptar-se às novas modificações vigentes, como também às suas próprias mudanças, passando a sentir-se um ser estranho nos meios onde até então possuía seu espaço. A distância existente entre ele e o jovem aumenta; aquilo que era seu, não é mais. Um grave desajuste começa a ocorrer, pois sente-se capaz de continuar produzindo, mas a visão de si mesmo não é a mesma para o meio externo. A busca de realização de seus desejos nem sempre é possível, e a falta de satisfação nesse campo leva-o a uma contradição interna ou a uma sublimação. Para ele (e infelizmente para a sociedade como um todo) não há mais ambiente. Foi castrado, como no mito do Céu, pelo mais jovem, pelo seu filho, por aqueles que assumem seu lugar no campo de trabalho, no esporte, na amizade ou em outro sítio onde, até então, marcava presença. Foi mutilado pelo indivíduo mais novo que não apresenta ainda, como ele, transformações físicas, privação financeira, perda de *status*, etc. Sua auto-estima começa a declinar e o sentimento de inferioridade se exacerba. Perde seu equilíbrio e concentra toda sua libido, toda sua energia em si mesmo, voltando sua atenção exclusivamente para suas necessidades, *explicando assim o aumento do seu narcisismo*.

A base da auto-estima é enunciada por Pierre Dessuant por meio de uma definição de narcisismo, bastante clara e atual, que diz: "O narcisismo designa comumente o amor-próprio nas suas diferentes modalidades. Antes que a psicanálise, com Freud, desse ao narcisismo o lugar que lhe é devido no desenvolvimento de todo ser humano, ele definia de maneira seletiva uma perversão sexual, na qual o amor do sujeito se dirigia ao seu próprio corpo. Classicamente, a teoria psicanalítica distingue o *narcisismo primário*, em que o amor-próprio é prioritário e precede o amor ao outro; e o *narcisismo secundário*, que designa um retorno para a pró-

139

pria pessoa do amor retirado aos objetos. O narcisismo secundário implica (...) a *introjeção* do objeto e a *identificação* com o mesmo. É, na realidade, somente após ter interiorizado o amor de sua mãe, reconhecida na sua alteridade, que a criança poderá secundariamente amar a si mesma tal como a amaram e ainda a amam. Eis o fundamento da autoestima" (74, p. 7).

Freud afirma que a auto-estima está diretamente ligada ao fato de um indivíduo ser amado ou não, isto é, ser amado aumenta a auto-estima e não sê-lo diminui. "A percepção da impotência, da impossibilidade de amar, a causa de perturbações físicas ou anímicas, diminui extraordinariamente a auto-estima. Do meu ponto de vista, é esta uma das causas do sentimento de inferioridade (...) Mas a fonte principal deste sentimento é o empobrecimento do ego, resultante das grandes cargas de libido que lhe são subtraídas..." (90, II, p. 2031). Diz ainda que quando à frente do indivíduo surgem obstáculos reais, a satisfação narcisista tem de ser substituída e algum objeto deve ser eleito. "Ama-se aquilo que temos sido e temos deixado de ser ou aquilo que possui perfeições de que carecemos. (...) é amado aquilo que possui a perfeição que falta ao ego para chegar ao ideal" (90, II, p. 2033).

Outro aspecto importante do narcisismo, discutido por Freud, é aquele que diz respeito ao estigma infantil. Todas as crianças são idealizadas; não devem e não podem ter defeitos. O amor parental nada mais é do que a ressurreição do narcisismo dos pais que limitam as vontades, os prazeres e a liberdade da criança, esperando que ela realize todos os seus desejos conscientes e inconscientes.

Kaplan e Sadock comentam que os idosos devem ter uma tarefa na velhice: a de conservar a auto-estima e, para tanto, devem contar com alguns elementos importantes: segurança econômica, o apoio de pessoas, saúde psicológica e física. Se, porventura, um ou todos esses fatores vierem a ser atingidos, o geronto não conseguirá manter sua auto-estima, tendendo a apresentar quadros de ansiedade, depressão, frustração e raiva.

Um dos autores que desenvolveu um estudo bastante interessante a respeito do narcisismo na terceira idade foi Salvarezza, psicogeriatra e psicanalista argentino, que trabalha com os idosos há muito tempo. Ele considera que a maioria dos velhos apresenta um quadro depressivo (variável de intensidade e característica), o que o fez tentar investigar e esclarecer a forma em que se construiu essa depressão. Enfatiza ainda que os seus estudos sobre o narcisismo na velhice estão centralizados no aspecto *da auto-estima e da relação estrutural com o conceito de ideal*, apesar de a Psicanálise ter desenvolvido várias acepções da palavra "narcisismo". Define-o aqui como sendo "a valoração que o sujeito faz de si mesmo colocado dentro de uma escala de valores em cujo extremo mais alto está o ideal e em cujo extremo mais baixo está o negativo do dito ideal. O posicionamento nela dará a medida da auto-estima (...)" (160, p. 106).

Embora mencione ser comum o pensamento geral de que o narcisismo aumenta na velhice, refere não ser esta sua forma de pensar, considerando-o um conceito distorcido, e explica os motivos que o fazem raciocinar assim. (Das consultas que fiz, as suas observações são as mais interessantes e profícuas, razão pela qual me proponho a discorrê-las numa síntese.)

Quando o idoso dá-se conta de que não consegue obter a satisfação de seus desejos, entra em conflito e acaba por retrair-se do contato com o mundo externo, aumentando suas reflexões internas e ativando sensivelmente suas recordações do passado. Esse fenômeno, considerado como universal e denominado pelo autor de "interioridade", por si só não tem relação direta com o aumento do narcisismo na velhice, que, segundo ele, "é a conseqüência e não a causa desta volta para dentro do sujeito" (160, p. 107).

No momento em que essa pessoa começa, portanto, a envelhecer e há o incremento da interioridade, ela tomará contato com suas reminiscências, que nada mais são do que a lembrança pensada ou relatada das experiências passadas; é a ponte entre o passado e o presente do idoso. (É importante ressaltar que a reminiscência faz parte do processo evolutivo de qualquer ser humano; não é exclusiva da velhice, e para Flórez Tascón e López-Ibor (80) ela é também criadora e dá um colorido afetivo à memória.)

McMahon e Rhudick (citados por Salvarezza) salientam que as reminiscências não têm relação direta com a inteligência do indivíduo nem com a deterioração mental e estão diretamente relacionadas com a depressão clínica, isto é, os deprimidos têm maior dificuldade para evocá-las.

Diante dessa apreciação, Salvarezza arrisca um palpite dizendo que quando os velhos se utilizam de reminiscências, apresentam maior chance de não adoecer mentalmente. Conceitua mais precisamente o termo como sendo "uma atividade mental organizada, complexa e que possui uma finalidade instrumental importantíssima: a de permitir ao sujeito reafirmar sua auto-estima quando suas capacidades psicofísicas e relacionais começam a perder vitalidade. Na medida em que isto aconteça, o indivíduo poderá sentir-se em paz consigo mesmo e com os que lhe rodeiam, poderá sentir que pertence à sua sociedade e ao seu momento histórico, e desta maneira a personificação da morte — sempre presente nesta idade — não será um fantasma vivo, mas um mero acontecer. A este estado corresponde chamá-lo 'integridade'. O termo tem sido introduzido por Erikson (1963) como parte de sua 'teoria epigenética', que descreve uma série de fases do desenvolvimento da personalidade em função de sua adequação a certas variáveis psicossociais" (160, p. 112). Para o autor a interioridade leva a dois caminhos: o da integridade e o do desespero.

Da "integridade" comenta que quando o indivíduo teve no passado um ambiente familiar saudável e não passou por muitas situações traumáticas, ao envelhecer conseguirá fazê-lo com um mínimo de ansiedade e terá condições plásticas de utilizar adequadamente as condutas defensivas existentes à sua subordinação, evitando que elas estruturem-se como transtornos neuróticos, psicóticos, perversões, etc.

Nesse momento faço uma pausa no processo de síntese do trabalho de Salvarezza para explicar com um pouco mais de detalhes os significados dados por Erikson à sua teoria.

Erik Erikson foi o primeiro psicanalista que enfocou o envelhecimento nos seus estudos. A sua teoria foi criada a partir de um modelo do ciclo vital caracterizado por oito estágios. Os seis primeiros dizem respeito à formação da personalidade da criança, do adolescente e do adulto. Os dois últimos discorrem sobre os adultos mais velhos. O sétimo estágio é chamado por ele de "Produtividade[1] *versus* Estagnação" e o oitavo é designado "Integridade do ego *versus* Desespero".

O sétimo estágio é representado por pessoas dos 40 aos 65 anos, que se dirigem para o lado da "produtividade" ou "estagnação". Quando se encaminham para a "produtividade" mostram-se férteis, produtivos e apresentam necessidade de se fazer útil aos outros. Têm uma motivação para ensinar, guiar, esclarecer, nortear, dar apoio emocional à geração seguinte, funcionando como elemento importante na "manutenção do mundo" (161, p. 69). Erikson, citado por Schachter-Shalomi, diz: "É, pois, responsabilidade de cada geração de adultos defender, sustentar e orientar as pessoas que o sucederão como adultos, bem como desenvolver e manter as instituições sociais e recursos naturais sem os quais as gerações sucessivas não poderão sobreviver" (161, p. 69). Quando esse movimento não acontece, vem a sensação de empobrecimento pessoal, de estancamento, de estagnação. O indivíduo volta-se para si mesmo, preocupando-se unicamente com sua própria pessoa e, mesmo que se case e tenha filhos, sua postura diante deles (bem como diante dos outros) é isolada e egoísta. Muitas vezes pode vir a apresentar, precocemente, transtornos físicos e psicológicos, o que corroborará para a manutenção de sua atitude concentrada em si mesma.

---

1. Muitos livros consultados, com tradução para a nossa língua, utilizam a expressão "generatividade" no lugar de "produtividade", que não consta dos nossos dicionários mais populares pesquisados. Apenas alguns adotam o termo "produtividade", que me proponho manter por considerá-lo mais adequado e melhor condizente com o exposto por Erikson.

A última fase, "integridade do ego *versus* desespero", é o resultado dos ciclos anteriores, representada por pessoas acima dos 65 anos.

A integridade é o fruto do amadurecimento das pessoas, é a capacidade de auto-aceitação de si mesmo, transpondo as modificações físicas que inevitavelmente ocorrem, é a sensação de ter tido sucesso. Este, segundo Erikson, leva à sabedoria, que se desenvolve porque o idoso pôde assimilar bem as experiências de vida. É importante que nesse período o indivíduo tenha passado por triunfos e desilusões e se adaptado às suas ocorrências; tenha sido produtivo e criativo; tenha podido auxiliar e/ou gerar pessoas; tenha podido defender seu estilo de vida das ameaças físicas e econômicas, com dignidade.

"Significa, pois, uma maneira nova e diferente de amar aos próprios pais, sem desejar que tenham sido diferentes, e uma aceitação do fato de que cada um é responsável por sua própria vida. É um sentimento de camaradagem com homens e mulheres de épocas distantes, que estavam empenhados na busca de coisas diferentes e que têm criado sistemas, objetos e linguagens que transmitem dignidade humana e amor" (160, pp. 112-3).

O fracasso desse momento leva ao desespero e o indivíduo apresenta medo da morte, assim como o sentimento de que o tempo é curto para dar início a uma outra vida que lhe pudesse proporcionar a integridade almejada.

Nesse ponto, retomo o raciocínio de Salvarezza ao comentar que esse fracasso da integridade pode ser devido:

a) ao processo de desenvolvimento do indivíduo, que pode ter sofrido algumas perturbações mais ou menos graves, principalmente no período infantil, quando ele ainda era indefeso;

b) ao surgimento de uma crise advinda de uma desestruturação do equilíbrio, ocorrida por acontecimentos repentinos. Em geral, a crise é, por primazia, transitória, porém pode tornar-se crônica em alguns casos, por motivos variados.

O autor tenta explicar esses dois pontos da seguinte forma:

Quando o indivíduo vai envelhecendo e trás consigo conflitos, estes podem ser resolvidos por meio do aumento da interioridade com conseqüente utilização das reminiscências. Entretanto, alguns indivíduos não conseguem ter um grau de adaptação adequado para a descoberta de sua interioridade. O seu passado é trazido por meio de recordações com uma conotação dolorosa, que é denominada nostalgia (a palavra vem do grego e significa "regresso e dor").

Portanto, o incremento da interioridade, nesse caso, em vez de fazer com que a pessoa relembre fatos positivos do passado (que lhe reafirma-

Teoria epigenética de Erikson

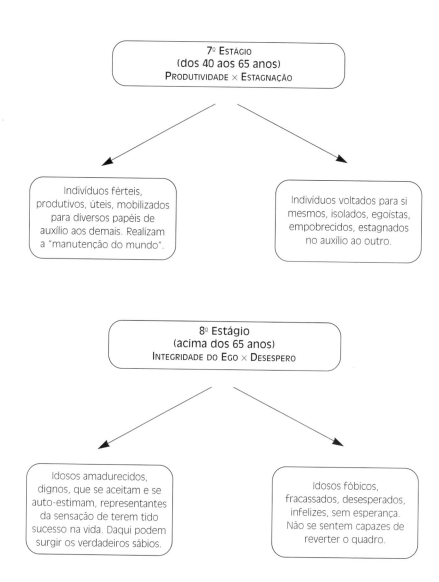

riam positivamente sua identidade), faz com que ela dê ênfase aos aspectos negativos, em tudo que considera que perdeu e que, nesse momento, pertence aos jovens. Sente que não tem mais tempo para concretizar sonhos de sua vida, pois a morte lhe parece próxima. "O eu ideal é representado como inatingível, e seu sentimento de auto-estima se ressente severamente" (160, p. 114).

Esse processo pode adquirir um grau de gravidade que vai depender basicamente da estrutura de personalidade previamente estabelecida no sujeito, isto é, se o eu ideal foi construído sob uma base de "sentimentos de perfeição narcisista" ou de "sentimentos de culpa". Em uma situação ou em outra, o sentimento predominante é o desespero, que leva à procura de um estado de equilíbrio, de uma homeostase interna que, dependendo do caso, poderá ser conquistada ou não.

Personalidade narcisista é "aquela cuja preocupação central está constituída por sua valoração — o que permite medir sua auto-estima — ante si mesmo e ante os outros. O código que estas pessoas utilizam para medir suas condutas estará em função do valor que estas tenham: é ou não é perfeito" (160, p. 115).

Todo ser humano tende a construir dentro de si o modelo do eu ideal e a supervalorizar suas condutas. A identidade do indivíduo inclui elementos que se posicionarão em uma escala de valores: no ponto máximo estará o ego ideal — característico de um personagem perfeito, sem defeitos — e no ponto mínimo terá o "negativo" do ego ideal. Salienta ainda que para cada sujeito existe um número múltiplo de egos ideais com particularidades diferentes e que, em geral, há uma flutuação na escala de valores, dependente do conceito que o indivíduo faça de si mesmo naquele momento. Nas personalidades narcisistas não há a flutuação entre posições da escala. O indivíduo deve se manter no topo da escala (ego ideal), caso contrário cairá vertiginosamente para o lado oposto, identificando-se imediatamente com o negativo do ego ideal. A construção dessa escala de valores que atua como base estrutural da identidade da pessoa depende dos valores culturais e familiares recebidos e são eles que darão a conotação de "bom" e "mau". Quando as pessoas, no processo de envelhecimento ou na própria velhice, apresentam características nostálgicas ("recordar nostálgico"), inevitavelmente acabarão por reavaliar sua posição na escala. Se não conseguiram cumprir ou não conseguiram alcançar aquilo que consideraram como ideal, ou quando se sentem fracassadas pelo triunfo do outro, tendem a cair na identificação com o negativo do eu ideal — estado psicológico denominado "colapso narcisista" (160, p. 117). Independentemente das causas que levam o indivíduo a cair nesse estado, o certo é que ele leva o idoso a uma sensação extremamente dolorosa, angustiante, sofrida, que Bleichmar (citado pelo próprio Salvarezza) chamou de "tensão narcisista" —

145

"(...) a sensação de angústia que experimenta o sujeito quando sua auto-estima ameaça cair em um franco sentimento de inferioridade" (160, p. 117).

(Esse processo é passível de acontecimento em qualquer momento da vida, porém é particularmente realçado durante o envelhecimento e a velhice.)

Para não cair no colapso narcisista, a angústia existente gera como defesa a utilização de duas condutas:

1. *Gerais* — representadas pela repressão, negação, idealização, etc. que serão eleitas segundo a estrutura caracterológica de cada idoso ou conforme as defesas, mais ou menos constantes, anteriormente existentes. Pertencem a essa categoria todos os velhos impacientes, coléricos e autoritários que defendem seus pontos de vista com rigidez, ancorando-os, às vezes, em opiniões ultrapassadas e não aceitando ou desvalorizando os pensamentos dos mais jovens.

2. *Específicas* — dependem de compensações que tentam restituir a auto-estima do sujeito. Elas podem ser fantásticas ou de ação.

   a) Fantásticas: há um desenvolvimento acentuado da fantasia, distanciando o indivíduo da realidade que o rodeia, podendo encaminhá-lo para uma vida isolada e introvertida.
   b) Condutas supercompensatórias de ação: o sujeito insiste em demonstrar para si e para os outros que o que faz é válido, autêntico e competitivo, promovendo para si mesmo uma sobrecarga de trabalho, assim como uma sobrecarga desportiva, sexual e aumentando sua responsabilidade. Como necessita de aplauso e honras (para ter de volta a imagem de si mesmo identificada com o ego ideal), excede-se nas tentativas de conquista precisando, às vezes, fazer uso de psicofármacos, álcool, enganosos estimulantes sexuais, substâncias supostamente rejuvenescedoras, que poderão levá-lo ou expô-lo a doenças ou transtornos orgânicos cardiocirculatórios, digestivos, renais, etc.

Tais condutas defensivas poderão funcionar muito bem se, por acaso, o velho tomar contato com o seu estado de "ser velho" em uma cultura complexa, que está constantemente lhe fazendo exigências. Daí o idoso narcisista poderá recobrar seu estado de equilíbrio (mesmo que este se apresente efêmero), embora tendendo a recaídas. O autor reforça sua tese: "(...) o equilíbrio emocional das personalidades narcisistas é sumamente precário" (160, p. 119).

Se as defesas não funcionam, o indivíduo se identifica com o negativo do eu ideal, perde sua auto-estima, sente-se maciçamente inferiorizado e sobrevém o colapso narcisista. Passará a se auto-reprovar, ampliará seus fracassos, podendo, então, entrar em um quadro de depressão clínica psicótica ou neurótica.

Na depressão psicótica os delírios serão os de conteúdo de ruína, reivindicação, celotípico, etc. No delírio de ruína, o conteúdo manifesto é representado pela ruína econômica ou pela perda de um *status* socioeconômico já efetivado ou pela queda na indigência. (A cadeia de valores do indivíduo foi construída sobre a base do "ter" e não do "ser".) No delírio de reivindicação o mecanismo utilizado é tentar conseguir que o outro lhe devolva o que perdeu: sua imagem de eu ideal, de uma maneira mais rica para tirá-lo do sentimento de inferioridade que apresenta. No delírio celotípico a relação é com a injúria narcisista, isto é, o sujeito não se sente amado, cuidado ou preferido. Alguém é (para o velho é sempre um jovem) seu suposto rival e, portanto, é ele também que tem a posse daqueles aspectos desejados.

O componente narcisista também está presente nas depressões neuróticas. Um dos pontos a se levar em conta é a persistência do luto patológico. O indivíduo que chora pelo objeto perdido não o faz pelo sentido da perda da pessoa, mas por aquilo que o falecido representava no nível de identificação com o ego ideal.

Quando o sofrimento pelo sentimento de inferioridade é muito grande e intolerável, o suicídio é a única saída como "tentativa alucinatória de matar o eu ideal que o escraviza" (160, p. 120).

Referindo-se, em seguida, à questão da moral culposa, Salvarezza salienta que os estudiosos, como por exemplo Melanie Klein e a escola inglesa, relacionam o tema da culpa com agressão, seja ela real ou fantasiada, consciente ou inconsciente.

Quando um paciente sentia culpa, o terapeuta procurava descobrir a ação ou intenção agressiva que a explicasse. Por outro lado, pacientes com atitudes agressivas, sem aparente culpa, faziam com que o terapeuta tentasse decifrar "quais condutas respondiam a sua necessidade de castigo ou expiação de culpa" (160, p. 121). Isso, entretanto, não explicava tudo. O autor foi buscar as explicações por meio da dialética das identificações. Exemplo: pais melancólicos com tendência a se sentir culpados e servindo de modelo levam a crianças culpadas. Pais que culpam seus filhos logo quando crianças ("Você é mau; Deus vai te castigar", etc.) levam-nos a se sentir culpados.

No desenvolvimento do indivíduo ele não somente adquire conhecimentos como também seus pais lhe fornecem um método para promover o processamento lógico desses conhecimentos. Assim é que se eles disserem "há agressão", a dedução será "há culpa", ou "se você agride", a dedução será "porque você é mau".

Assim, há pessoas que na escala de valores morais posicionam o seu extremo superior como o eu ideal compatível com "não agressividade" e,

147

portanto, "não destruirás". No extremo inferior estará o negativo do eu ideal compatível com "agressividade" e a identificação com esse lado determinará "culpa". O eixo está constituído pelos valores BEM/MAU.

Aqueles indivíduos que apresentam uma estrutura de personalidade "culposa" quando atingem a velhice, ou mesmo os velhos que apresentam um incremento da interioridade dentro de características de desespero e nostalgia, desenvolverão uma identificação com o negativo do eu ideal e apresentarão uma "tensão culposa", podendo atingir o "colapso culposo" nos moldes da "tensão narcisista" e do "colapso narcisista".

Nesses casos, as defesas específicas contra a culpa são aquelas que se apresentam como defesas maníacas representadas por velhos com intensa ansiedade (tensão culposa), que surpreendentemente passam a fazer ações filantrópicas, assistenciais ou religiosas (não o faziam quando eram mais jovens).

Também podem ocorrer as depressões clínicas (quando as defesas específicas fracassam), em que o componente da culpa está presente, podendo, inclusive, desencadear delírios de culpa, mutilações e auto-agressões.

Termino aqui a sinopse do pensamento do autor argentino. Sua teoria abre as portas a uma visão e a uma compreensão clínicas dos mecanismos psicodinâmicos que podem ocorrer na velhice. Na tentativa de deixá-la mais clara aos leitores, achei por bem transcrevê-la de forma esquemática e resumida, como a seguir.

Já que estou fazendo um discreto percurso sobre o narcisismo, seria imperdoável não transmitir aqui alguns dos conceitos de Kohut.

Em primeiro lugar quero fazer uma modesta referência à questão da ambição e do ideal. Para ele, o homem não deveria negar suas ambições, sua vontade de poder, seu desejo de brilhar, de fundir-se com pessoas onipotentes. Pelo contrário, deveria reconhecer e dar valor legítimo a essas "forças narcísicas", assim como transformar o lado exibicionista e grandioso em sentimentos reais de auto-estima e de prazer consigo mesmo. Além do que, o indivíduo deveria ser capaz de permitir-se admirar grandes personalidades, grandes homens que poderiam servir como modelos para ele mesmo. Diz ainda que muitas vezes não se sabe diferenciar a ambição do ideal, ou porque estão disfarçados ou porque são coincidentes. De qualquer maneira o que se pretende é que os ideais sejam conquistados para poder haver uma redução da vulnerabilidade e das tensões narcísicas do indivíduo. Se esse ideal não for atingido, a tendência geral é que o ego apresente um sentimento semelhante à nostalgia, mais do que propriamente uma ferida narcísica. Por outro lado, quando não se conseguem realizar as ambições, as tensões narcísicas acontecem e o ego poderá experimentar sensação de decepção entremeada com vergonha, sentimentos de inferioridade e frustração que poderão levar à chamada "mortificação narcísica" (112, p. 15).

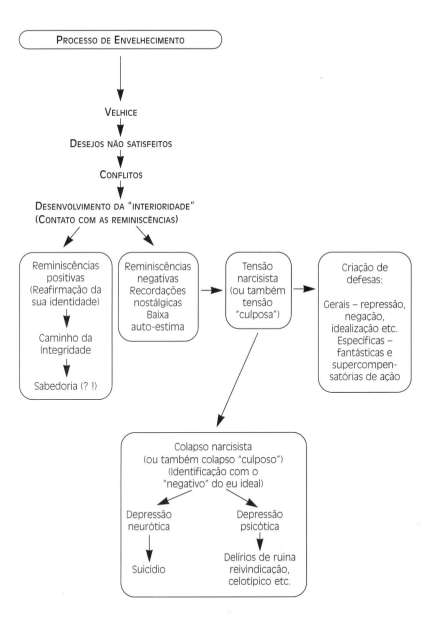

Destaca que o narcisismo primário continua existindo ao longo da vida, em forma de resíduo, o qual denomina "tônus narcísico básico", impregnando todos os ângulos da nossa personalidade. Menciona que há ainda duas outras formas diferenciadas de narcisismo primário (nomeadas de "self" narcísico e imago parental idealizada), sobre as quais não me deterei neste trabalho.

Outro conceito empregado por Kohut é o que foi citado acima, denominado de "ferida narcísica" representada pelas "perturbações do equilíbrio narcísico (...) fáceis de reconhecer pelo doloroso constrangimento ou vergonha que as acompanha e por sua elaboração ideacional, conhecida como sentimento de inferioridade ou amor-próprio ferido" (112, p. 8). Descreve também, de modo explícito, a questão da chamada "fúria narcísica". Para o autor, ela pode acontecer toda vez que o indivíduo vier a sofrer um desequilíbrio narcísico, produzindo uma ferida narcísica. A fúria narcísica é facilmente identificada pelas reações de agressividade, raiva e destrutividade que acometem as pessoas narcisistas. Elas reagem a um determinado acontecimento com atos agressivos, demonstrando ódio ao outro e, a qualquer custo, sentem necessidade de vingar-se, de responder à suposta afronta recebida. Não se satisfazem enquanto não virem resultados de sua vingança.

Um dos fenômenos ligados à fúria narcísica é a chamada "reação catastrófica". Segundo Kohut, essa reação pode ocorrer naqueles indivíduos que sofrem de uma lesão ou deficiência cerebral e que não conseguem resolver certos problemas simples, o que gera neles uma intensa raiva em razão da incapacidade ou impossibilidade de continuar tendo o controle específico de suas funções mentais.

Considera ainda que a "reação catastrófica" pode também acontecer, de forma mais atenuada, quando o indivíduo não consegue lembrar-se de um nome ou palavra. Poder-se-ia dizer, portanto, seguindo esse raciocínio, que o idoso estaria propenso a "suaves" reações catastróficas, já que um dos comprometimentos que lhe acomete o organismo é o déficit de memória. Isto, entretanto, pela minha observação, não acontece comumente. Embora sinta-se, muitas vezes, incomodado com a perda ou diminuição da função mnésica, o mais habitual de se ver é a queixa constante, a lamúria pelo acontecido (seguido, às vezes, de um pedido de desculpas pelo lapso), e não o desencadeamento da reação catastrófica.

A fúria narcísica pode ainda tornar-se crônica e, como tal, representante de "uma das mais perniciosas calamidades do psiquismo humano" (112, p. 116), caracterizada por atitudes de aversão e rancor de um lado (forma endógena) ou por atos de vingança planejada (forma externalizada e encenada).

Tenho visto na minha prática pacientes idosos que não permanecem muito tempo em tratamento (mesmo tendo criado um forte vínculo comigo) por se mostrarem extremamente rancorosos com certas figuras de sua vida. Apresentam a fúria narcísica crônica e são inabordáveis e arredios quando se tenta trabalhar com eles aspectos ligados ao sentimento de rancor ou de vingança. A relação terapêutica fica ameaçada de se transformar em mais uma relação rancorosa e, na maioria das vezes, o paciente não suporta dar continuidade à psicoterapia (diga-se de passagem que, aqui, o tratamento é individual, pois o idoso não tem condições de ser encaminhado ao grupo). Também tenho visto pacientes adultos jovens comentarem ou trazerem na cena psicodramática pais que aparentemente apresentam a denominada fúria narcísica crônica. São pais que dificilmente procuram tratamento, por considerá-lo inútil e absurdo, e guardam consigo atitudes de eterno rancor em relação a outrem (que, em geral, são seus próprios filhos, mas que também pode ser algum dos seus vizinhos, ou um outro familiar próximo, ou um ex-patrão, etc.). Colocam-se como vítimas e se mostram o tempo todo ressentidos com alguma coisa que a pessoa lhes fez. Outros casos também são citados por pacientes jovens, em relação aos pais, como, por exemplo, um rapaz que disse: "Minha mãe é extremamente vingativa; sempre foi, mas parece que agora está pior. Se você ou alguém não faz como ela quer, ou se ela se sente ofendida por você (mesmo que a gente não tenha tido a intenção de fazê-lo), ela fica articulando uma maneira de poder vingar-se de você, de lhe dar o troco".

Essa situação e tantas outras que poderiam ser citadas evidenciam pacientes ou pessoas idosas com transtorno de personalidade narcisista, como me referi em outro momento (à página 70). Com certeza, se forem procurar tratamento, terão maior dificuldade para obter resultados favoráveis quanto à psicoterapia.

Para concluir este capítulo gostaria apenas de acrescentar mais uma fala de Kohut, que considero de extraordinária importância. Para ele, o ego de cada indivíduo comporta determinadas aquisições que estão diretamente associadas com o narcisismo e que são: a criatividade, a capacidade de empatia e de encarar a própria transitoriedade, o senso de humor e a sabedoria.

Todos esses fatores merecem um estudo e uma análise minuciosa que ficarão, quem sabe, para outra ocasião. No entanto, chama-me a atenção e me desperta intensa curiosidade o aspecto ligado à sabedoria.

Não tenho a mínima pretensão de discuti-la, mas gostaria de levantar alguns questionamentos a respeito dessa aquisição do homem.

Todos nós na vida vivemos em constante processo de autoconhecimento, como diz Fonseca Filho quando fala da fase do "reconhecimento do eu": "... a rigor, está sempre presente na história de um ser humano. Apresenta picos, sendo o mais importante, por ser básico, o primeiro, ou seja, o da primeira infância. O segundo pico é o da adolescência, e o terceiro o da passagem para a senectude. Constantemente o homem está nesse processo de autoconhecimento que nunca chega totalmente ao seu fim, pois é inesgotável" (81, p. 87).

Pergunto: Se o ser humano tentar aperfeiçoar seu autoconhecimento, isso o levará a ser mais sábio? E como aperfeiçoá-lo? Para Kohut, sabedoria é mais do que conhecimento (provavelmente ele se refere ao auto e heteroconhecimentos). Para conquistá-la, o homem necessita superar seu narcisismo, assim como aceitar os seus limites, sejam eles intelectuais, físicos ou emocionais. Ressalta: "É o derradeiro degrau de uma escala de realizações psicológicas: partindo dos ideais — mais fortemente catexizados na juventude — passando pelo humor — em geral no ápice durante a maturidade — chegando à aceitação da transitoriedade. Uma vez que essa última realização é componente essencial da sabedoria, conclui-se que a obtenção da sabedoria está reservada às últimas fases da vida" (112, p. 33).

Muitos velhos vão adquirindo, com a passagem do tempo, uma atitude de complacência, serenidade e paz interior diante da vida que parecem ser qualidades inatingíveis aos seres humanos. E há outros que vão se tornando, cada vez mais, ranzinzas, desagradáveis, impertinentes, dogmáticos. Com certeza, estes são desprezados pela sociedade, porém os outros costumam ser dignificados (veja a história do avô de Bali).

Como será possível a obtenção desse estado? Será que ele é reservado a apenas alguns poucos? Será que as idéias de Kohut são suficientes para explicar a conquista dessa condição magnificente?

De qualquer maneira, é sempre muito gratificante poder observar um idoso ir crescendo durante o processo psicoterápico e desenvolvendo sua espontaneidade e sua sabedoria, capacidade esta que talvez seja inata aos seres humanos, bastando apenas que sejam soltas as correntes que a aprisionam no âmago do ser. E, novamente, apelo para Kohut: "A essência dessa realização é o máximo de renúncia às ilusões narcísicas, incluída a aceitação da inevitabilidade da morte sem um abandono dos envolvimentos cognitivo e emocional (...) E, diferentemente de uma atitude de total seriedade e solenidade rígida diante do fim iminente da vida, as pessoas verdadeiramente sábias são capazes de, no fim, transformar o humor de seus anos de maturidade num sentimento de proporção, num toque de ironia em relação às aquisições da existência individual, inclusive sua própria sabedoria" (112, p. 33).

6

Conclusão

*... a verdade essencial da vida: ela é um sistema instável no
qual se perde e se reconquista o equilíbrio a cada instante; a
inércia é que é sinônimo de morte. A lei da vida é mudar.*

Simone de Beauvoir

Trabalhar com o idoso nesse período de mais de 15 anos tem sido para mim extremamente enriquecedor e gratificante. Quando iniciei este trabalho, eu pisava em um campo desconhecido e minado, onde o insucesso poderia explodir a qualquer momento. Uma ou outra bibliografia concernente à questão surgia às vezes à minha frente, sem contudo me clarificar nas tantas dúvidas que apresentava. Mesmo assim, continuei a caminhada. E hoje, depois de ter me sentado, inúmeras vezes, para pôr no papel tudo o que sei, vejo surpresa o quanto nesse tempo pude aprender, criar e descobrir, sempre com o intuito de auxiliar o idoso na sua trajetória claudicante.

Por meio dos resultados obtidos pude perceber que o rumo traçado estava correto e forneceu frutos. Pude transformar um campo cheio de minas em um terreno fértil para a plantação e para o crescimento desses seres humanos — idosos sim e, infelizmente, estereótipos de uma cultura arcaica e maléfica.

A psicoterapia gerontodramática é capaz de possibilitar mudanças, não no único sentido de fazer o homem idoso adaptar-se simplesmente a essa fase vital, mas também, e principalmente, mudar no sentido de poder ver crescer dentro de si a capacidade de lidar de modo mais harmônico com os contrastes e vicissitudes da vida nessa fase que ora lhe é imposta, assim como poder usar dos seus recursos espontâneos e criativos.

Alegro-me em poder ter sido o instrumento de modificações estruturais na vida desses indivíduos tão estigmatizados e de ter podido proporcionar-lhes, mediante a técnica psicodramática, a iluminação de focos problemáticos apagados ou obscurecidos da consciência, do esclarecimento de certas atitudes e tomadas de decisão, da resolução de conflitos etc.

Além do que, envolver-se com essa faixa etária representa, ou exige-se do terapeuta, pelo menos uma reavaliação de todos os seus conceitos e preconceitos ligados ao envelhecimento e demais questões diretamente relacionadas a ele e à morte.

Na tentativa de objetivar as minhas conclusões, considero essencial dividi-las em duas categorias que denominarei de aspectos clínicos e psicodramáticos.

ASPECTOS CLÍNICOS

1. Segundo a Organização Mundial de Saúde, o período de 1975 a 2025 é denominado "Era do Envelhecimento".
2. No ano 2000, o Brasil terá, aproximadamente, 14 milhões de idosos e no ano 2025 será, projetivamente, o sexto país do mundo com a maior porcentagem de velhos: cerca de 32 milhões.
3. Um dos mitos referentes à terceira idade aponta que o aparelho psíquico do geronto está tão solidificado que qualquer abordagem psicoterápica é estéril.
4. Os teóricos, de modo geral, mostram uma arbitrariedade quanto ao uso de determinados vocábulos ligados à terceira idade. Prefiro adotar a terminologia também empregada por alguns estudiosos que nomeiam a "senescência" como representativa do processo normal dessa terceira etapa da vida e "senilidade" como expressão das manifestações patológicas. O termo "senectude", pela maior arbitrariedade existente entre os diversos autores, ora sendo empregado como envelhecimento normal, ora como patológico, desestimula sua utilização mais freqüente. Todavia, tenho uma tendência a considerá-lo muito mais um sinônimo de velhice normal do que propriamente patológica. Ainda a meu modo de ver, as palavras "idoso, velho, geronto" possuem o mesmo significado e não depreciam a pessoa com idade mais avançada. Se não forem utilizadas de forma agressiva e destrutiva, nem uma nem outra comprometem mais ou menos o velho. Já as denominações "senil e decrépito" apresentam uma conotação patológica relacionada com caducidade. A nomenclatura "ancianidade e anciania" e seu adjetivo "ancião", sob o meu ponto de vista, são reservados àqueles casos de pessoas bem mais velhas, ao redor ou acima de 90 anos, com ou sem doença física e/ou mental.
5. Envelhecimento é o processo evolutivo natural da vida e velhice é a condição de ser velho, que não deve ser encarada como sinônimo de caduquice ou incapacidade.

6. Um segundo mito em relação à velhice é aquele que a associa com deficiência física e/ou mental. A maior parte dos idosos apresenta boas condições de saúde.

7. Dentre os inúmeros conceitos que se poderia levantar em relação à terceira idade, destaco basicamente o "conceito cronológico", o "conceito biológico" e introduzo um terceiro, que denominei "conceito pessoal". Acentuo que esses três princípios não esgotam a extensão classificatória e conceitual em relação a essa fase.

8. Não há um marco referencial explícito e circunscrito para o início da terceira idade. Os autores têm uma visão diferenciada nesse sentido, pois consideram que há de se levar em conta a questão dos aspectos biológicos (incluindo aqui a hereditariedade), psicológicos e sociais. No entanto, a tendência da maioria é considerar seu início, do ponto de vista cronológico, aos 65 anos.

9. O envelhecimento biológico está, fundamentalmente, condicionado a dois fatores: genéticos e adquiridos. A Medicina tem se esforçado para explicar cientificamente os prováveis motivos que levam um ou outro geronto a envelhecer menos ou mais rápido, mas, infelizmente, ela ainda está engatinhando nessa questão.

10. Não se tem muito conhecimento a respeito da influência dos fatores psicológicos sobre a velhice, mas há uma tendência geral, inclusive da Organização Mundial de Saúde, de acreditar que os velhos mais dedicados a uma vida intelectual e artística conservam por tempo mais prolongado as suas faculdades intelectuais e mnésticas (não há, todavia, uma comprovação científica para essa observação).

11. Os aspectos sociais interferem sobremaneira no envelhecimento (principalmente as sociedades consideradas industriais que supervalorizam a produção). O Brasil é um país preconceituoso e sem memória: rejeita e se esquece que seus idosos possuem a solidez do conhecimento e·da experiência, aspectos que poderiam ser mais bem aproveitados e estendidos aos indivíduos mais novos.

12. Grande parte dos autores estudados têm um pensamento único de que o indivíduo jovem que passou pela vida, enfrentando as vicissitudes e os traumas de modo mais saudável (sem grandes medos e comportamentos neuróticos), provavelmente quando envelhecer terá uma maior estabilidade emocional para continuar dando soluções aos problemas (sejam eles ligados ao envelhecimento propriamente dito, ou aos relacionados ao cotidiano). Entretanto, isso não pode ser considerado regra geral, porque há os casos de idosos que, mesmo tendo vivido uma juventude e uma idade adulta mais tranqüila, desestabilizam-se emocionalmente quando ingressam no período da velhice. Por meio do processo grupal poder-se-ia dizer que os idosos atingiram, pelo menos, algumas metas clínicas, tais como:

a) Expansão do seu autoconhecimento e da sua auto-estima.

b) Ampliação dos interesses pela vida, pelas relações interpessoais, pelas novas descobertas e criações.

c) Constatação, aceitação e respeito pelo seu envelhecimento.

d) Diminuição ou extinção dos preconceitos ligados aos indivíduos mais jovens, possibilitando maior acesso ao seu mundo.

e) Conscientização e/ou resolução dos mais variados problemas.

f) Maior estímulo à sua luta social pela admissão dos seus direitos legais como cidadão da sociedade.

g) Eliminação da necessidade de reforçar constantemente para si e para o outro que suas características de raciocínio, lucidez, inteligência e prudência continuam intactas.

h) Modificação de atitudes e comportamentos que tendiam à rigidez e à cristalização, transformando-se em pessoas mais abertas e mais flexíveis.

i) Predisposição à criação de um novo mundo interno e, por conseqüência, uma visão diferenciada do seu mundo externo.

j) Resgate do seu corpo no sentido de conhecê-lo, tocá-lo, senti-lo, aumentando seus movimentos corporais até então contidos e suas sensações anteriormente inexistentes ou amortecidas.

k) Esclarecimento de dúvidas e informações ligadas a questões médicas em geral, psicológicas e psiquiátricas que estimulavam a curiosidade e que poderiam funcionar como forma de confundir, perturbar ou desaquecer o momento terapêutico.

ASPECTOS PSICODRAMÁTICOS

Mesmo parecendo dispensável, acho conveniente salientar aqui, para que não interpretem erroneamente minhas colocações, que alguns itens relacionados abaixo foram descritos tomando por base *uma visão geral do idoso no palco psicodramático*. É óbvio que não tem sentido "fechar a questão" em relação ao papel psicodramático do velho, tendendo a considerá-lo, em razão de sua idade, mais bloqueado, mais "duro", menos espontâneo, etc. que o jovem. A prática ensina que *a ação psicodramática pode ser fácil ou difícil tanto para um geronto como para um jovem*. Basta que relevemos tudo o que foi visto em alguns capítulos anteriores.

1. A sessão de Gerontodrama leva em conta os três ângulos fundamentais da prática psicodramática: contextos, instrumentos e etapas.
2. As características de uma sessão (incluindo o contrato terapêutico) não diferem, basicamente, de uma sessão grupal com adultos jovens.
3. Alguns recursos psicodramáticos são acrescentados durante determinadas sessões, afora os comumente empregados.
4. O idoso apresenta, em geral, principalmente nas sessões iniciais de um grupo, grande dificuldade para dramatizar.
5. Quando consegue desempenhar um determinado papel, sua plasticidade se diferencia do jovem apenas em qualidade.
6. Seu viver é mais voltado para o plano da realidade objetiva, o que o faz responder mais facilmente (com espontaneidade) a estímulos que pressupõem respostas racionais e com menor espontaneidade quando o estímulo é a fantasia e a imaginação.
7. O poder de "expansividade emocional" (quantidade de afetos "retidos"), o de "demonstração afetiva" (toques, carícias) e o poder de "expansividade social" (quantidade de relações independente de troca afetiva) são (ou estão) menores no idoso.
8. O idoso apresenta empecilhos psicológicos para propor dramatizações, porém quando isso ocorre é mais fácil para ele fazer uma proposta de jogo dramático do que propriamente um trabalho protagônico.
9. Uma das dificuldades mais notadas no idoso é a compreensão da linguagem psicodramática e das técnicas que são empregadas no decorrer de uma ação (dramática). Dentre elas as mais comuns são:
    a) Fazer solilóquios.
    b) Tomar papéis de objetos inanimados.
    c) Tomar papéis de partes do corpo e sentimentos.
    d) Tomar papéis de personagens fictícios.
    e) Tomar papéis de sua vida passada e de pessoas do seu átomo social.
    f) Inverter papéis.
    Quando apreendem os seus significados, essas técnicas e as demais utilizadas tornam-se inteligíveis.
10. Parece que os obstáculos do idoso quanto à dramatização estão relacionados essencialmente com:

    a) A ausência de brincadeiras infantis (para o desenvolvimento de fantasias e sonhos).
    b) A falta de contato quando criança (e mesmo na atual fase) com as situações ridículas do seu cotidiano (e o aprendizado de respostas).

c) A rigidez do seu caráter.
d) O medo da exposição (que poderia levá-lo a ser considerado, na sua imaginação, um velho caduco e arteriosclerótico).
e) O medo do desconhecido, desencadeando atitudes ansiosas e fóbicas.

A partir dessas considerações, devo enfatizar que o Gerontodrama, como psicoterapia psicodramática em grupo para a terceira idade, tem se mostrado um método eficaz para promover no idoso efetivas mudanças que passo a enumerar, em seguida, com base na teoria moreniana:

a) Ampliação de sua capacidade de compreender o conceito do "aqui e agora" e diferenciar o "real" do "como se" (ambos, inicialmente, de difícil entendimento), auxiliando-o a crer na vivência dramática dos seus movimentos existenciais.
b) Conquista da habilidade para captar e aceitar a linguagem e a técnica psicodramáticas.
c) Desenvolvimento do poder de expansão afetiva.
d) Recuperação de sua espontaneidade e criatividade (que por fatores adversos a ele, foi perdendo ou deixando escapar paulatinamente de sua vida), liberando o seu potencial criador.
e) Reconhecimento e diminuição de atitudes "conservadas" e automatizadas.
f) Aumento da predisposição ou estímulo à tomada (assunção), desenvolvimento e reformulação (criação) de novos ou antigos papéis sociais decorrentes dos imprevistos da existência.
g) Desenvolução da capacidade de desempenhar papéis psicodramáticos.
h) Crescimento de seu átomo social e de suas redes sociométricas.
i) Elucidação e solvência dos seus processos transferenciais, possibilitando a dilatação de sua capacidade télica.
j) Possibilidade de vivenciar *insights* dramáticos, a experiência do encontro e a catarse de integração (esses dois últimos mais difíceis, porém não impossíveis, de serem observados).

Enfim, é chegado o momento do término destes estudos sobre a senescência. Por incrível que possa parecer, tenho a sensação de que ainda faltou dizer muita coisa (que ficará para uma próxima oportunidade). O importante é que este trabalho possa ter aberto caminhos para questionamentos, complementações e servir também como incentivo a outras pessoas para o desenvolvimento de tarefa semelhante. Que a psicoterapia para o idoso possa ser, num próximo amanhã, o que hoje representam as psicoterapias para a criança, o adolescente, o adulto jovem.

Acredito que o Psicodrama é capaz de auxiliar (e muito!) o idoso em todas ou quase todas as suas aflições, embora, como diz Nobre de Melo: "Do ponto de vista de sua finalidade curativa todos os instrumentos psicoterápicos são, até certo ponto, equivalentes. E a razão disso está em que a cura não se opera em função, pura e simplesmente, do método, da técnica, mas daquela profunda relação inter-humana, que é a *comunicação existencial.*"[1] (138, p. 414).

... E não nos esqueçamos de que se os velhos são "assim desse jeito", foi porque nós mesmos, seres humanos, com a passagem dos séculos, temos sido os agentes propulsores de uma sociedade que aprendeu a marginalizar, a estigmatizar, a menosprezar. Criamos um presente de alta tecnologia, de corrida contra o tempo, de intensa produção e renovação e não deixamos espaço para as coisas boas da época de nossos avós, como se aquele universo não pudesse mais conviver com o atual e vice-versa. O velho, antítese de tudo aquilo, é a máquina enferrujada, a lentidão do ritmo, a fusão do improdutivo com o remoto. Foi. Fez. Esteve.

Mas a realidade mostra seus braços inimigos e nos envolve. Porque um dia também o seremos (velhos). E certamente não iremos querer o mesmo futuro que eles vivem nos dias atuais. Para não sermos castrados amanhã, impõe-se uma mudança social de mentalidade que, a rigor, deve começar por todos nós, que ainda somos a produção.

Não nos esqueçamos de que o rico passado que estamos construindo e que eles, idosos, já têm há anos, pode gerar e movimentar nossa força para o amanhã. Convivendo com suas experiências, hoje em repouso, e transformando-as em lição e fonte de enriquecimento, poderemos vir a ser, provavelmente, homens mais dignos e venturosos.

Indubitavelmente que por meio da psicoterapia eles terão mais chance de olhar para dentro de si mesmos e alterar aquilo que estiver subsistindo como pernicioso para si próprio, para a família, para a sociedade. Ganharemos, sem dúvida, com as suas mudanças e com o seu contato. E teremos possibilidade de edificarmos ou restaurarmos uma convivência mais apaixonante e mais absoluta.

---

1. Grifo do autor.

Referências bibliográficas

1. ABDERA, D. *Fragmentos* — 296. Idem, IV, 50, 76 in Coleção "Os Pensadores" I — "Os Pré-Socráticos". 1ª ed. São Paulo, Abril S.A., 1973.

2. AGUIAR, A. *Teatro da anarquia: Um resgate do Psicodrama.* Campinas, Papirus, 1988.

3. _____. *O teatro terapêutico — Escritos psicodramáticos.* Campinas, Papirus, 1990.

4. _____. A evolução dos conceitos de tele e transferência. *Momento — Revista del Instituto de Psicodrama J. L. Moreno.* Buenos Aires, ano 3, nº 5, 1996, pp. 8-11.

5. ALONSO-FERNANDEZ, F. *Fundamentos de la Psiquiatria actual.* Madri, Editorial Paz Montalvo, 1972, t. II.

6. ÁLVAREZ DEL REAL, M. E. *La tercera edad.* Panamá, Editorial America, 1991.

7. ÂNGULO, M. S. Aspectos fisiológicos do envelhecimento. *Cadernos da Terceira Idade,* nº 4, São Paulo, Sesc, 1979, pp. 7-13.

8. ARROYO, M. J. G. *Entrenamiento de habilidades psicocorporales en la vejez — Un modelo alternativo de educación para la salud.* Salmanca, Amarú Ediciones, 1995.

9. ASLAN, A. *Vencendo a velhice.* Rio de Janeiro, Record, 1985.

10. ATTIAS-DONFUT, C. Seminários de estudos sobre a terceira idade. *Cadernos da Terceira Idade,* 3-a, I parte, São Paulo, Sesc, 1979, pp. 1-52.

11. _____. Seminários de estudos sobre a terceira idade. *Cadernos da Terceira Idade,* 3-a, II parte, São Paulo, Sesc, 1979, pp. 1-53

12. _____. *Maturité ou maturescence?* Paris, France Editorial, 1988, pp. 1-3.

13. ATTIAS-DONFUT, C.; SALGADO, M. A. Vieillesse et sous-développement: le cas brésilien. *Gérontologie et societé* — cashier nº 14.
14. BALLONE, G. J. Psicopatologia. In: *Envelhecimento e velhice: Uma nova realidade*. 1981, pp. 5-17.
15. BASSIT, W. Tratamento dos distúrbios psiquiátricos no idoso. *Temas*, nº 16, São Paulo, 1979, pp. 19-26.
16. BEAUVOIR, S. *A velhice — I — A realidade incômoda*. 2ª ed., São Paulo, Difusão Editorial, 1976.
17. BÉRARD, J. V. Para uma terceira idade feliz. In: *Anais Brasileiros de Geriatria e Gerontologia*, v. III, nºs 3-4, 1981, pp. 105-13.
18. BERGER, L. F. Activating a psychogeriatric group. *Psychiatric Quarterly*, v. 50, nº 1, 1978, pp. 63-5.
19. BETTA, J. C. *Manual de psiquiatria*. Buenos Aires, Editorial Albatros, 1974.
20. BION, W. R. *Experiências com grupos — Os fundamentos da psicoterapia de grupo*. 2ª ed., São Paulo, Imago Editora, 1975.
21. BLATNER, H. A. *Psicodrama — Cómo utilizarlo y dirigirlo*. México, Editorial Pax-Mexico, 1980.
22. BLAY, S. L. Distúrbios psiquiátricos no idoso — Extensão do problema — fatores associados e questões assistenciais. *Jornal Brasileiro de Psiquiatria*, v. 38, nº 2, 1989, pp. 53-4.
23. _____. Revisão e crítica da metodologia dos estudos sobre epidemiologia dos distúrbios psiquiátricos na população idosa. *ABP-APAL*, v. 11, nº 1, 1989, pp. 1-9.
24. BOAL, A. *Teatro do oprimido e outras poéticas políticas*. Rio de Janeiro, Civilização Brasileira, 1980.
25. _____. *200 exercícios e jogos para o ator e o não-ator com vontade de dizer algo através do teatro*. 3ª ed., Rio de Janeiro, Civilização Brasileira, 1980.
26. BOGOMOLETS, A. A. *Vencendo a velhice*. São Paulo, Edições Zumbi, 1958.
27. BORGES, L. H. Psicodrama: descristalizando o poder. *Revista Brasileira de Psicodrama*. São Paulo, v. 3 (II), 1995, pp. 13-23.
28. BOSI, E. *Memória e sociedade — lembranças de velhos*. São Paulo, T. A. Queiroz Editor, 1979.
29. BOWLBY, J. *Perda — Tristeza e depressão*. Vol. 3 da Trilogia Apego e Perda. São Paulo, Martins Fontes, 1985.
30. BRINK, T. L. *Psicoterapia geriátrica*. Rio de Janeiro, Imago, 1983.
31. BUCHANAN, D. R. Psychodrama: A humanistic approach to psychiatric treatment for the elderly. *Hospital & Community Psychiatry*, v. 33, nº 3, 1982, pp. 220-3.
32. BUSTOS, D. M. *Psicoterapia psicodramática*. 1ª ed., Buenos Aires, Paidós, 1975.
33. _____. *O psicodrama — Aplicações da técnica psicodramática*. São Paulo, Summus, 1982.
34. _____. *Nuevos rumbos en psicoterapia psicodramática*. La Plata, Momento, 1985.

35. BUSTOS, D. M. *Perigo... Amor à vista! — Drama e psicodrama de casais.* São Paulo, Aleph, 1990.

36. _____. *Asas e raízes* — Locus, matriz, status nascendi e o conceito de clusters. In: *Companhia do Teatro Espontâneo, Leituras 2*, São Paulo, 1994, pp. 1-9.

37. _____. *El yo en psicodrama: Espontaneidad y adecuacion. Momento — Revista del Instituto de Psicodrama de J. L. Moreno*, Buenos Aires, ano 3, nº 7, 1997, pp. 7-18.

38. BUTLER, R. N.; LEWIS, M. I. *Sexo e amor na terceira idade.* São Paulo, Summus, 1985.

39. CABIROL, C. *La condition des personnes âgées — Évolution et aspects actuels.* Toulouse, Edouard Privat, Editeur, 1981.

40. CALVENTE, C. F. Psicodrama — Narcisismo — Criatividade. Trabalho apresentado no 10º Congresso Brasileiro de Psicodrama, Caldas Novas (GO), 1996, não publicado.

41. CAMPOS FILHO, C. J.; ARAÚJO, F. A. Teatro terapêutico — Conclusões de uma experiência de psicoterapia institucional de oito anos. *Jornal Brasileiro de Psiquiatria*, v. 31, nº 5, 1982, pp. 307-14.

42. CANÇADO, F. A. X. (coord.). *Noções práticas de geriatria.* Belo Horizonte, Coopmed Editora/Health C. R. Ltda., 1994.

43. CAPISANO, H. F. Aspectos psicológicos do envelhecimento. In: *Temas de Clínica Geriátrica.* São Paulo, Fundo Editorial Bik — Procienx, 1973, pp. 13-71.

44. _____. Aspectos psicodinâmicos da gerontopsiquiatria. Editorial 2. *Revista Brasileira de Medicina* (Psiquiatria), nº 6, 1981, pp. 227-33.

45. CASTELLO DE ALMEIDA, W. *Psicoterapia aberta: Formas do encontro.* São Paulo, Ágora, 1988.

46. _____. *O que é psicodrama?* 1ª ed., São Paulo, Brasiliense, 1990.

47. _____. *Moreno: Encontro existencial com as psicoterapias.* São Paulo, Ágora, 1990.

48. _____. *Defesas do ego — Leitura didática de seus mecanismos.* São Paulo, Ágora, 1996.

49. CHARAM, I. Aspectos psiquiátricos e sexuais do envelhecimento. *Jornal Brasileiro de Psiquiatria*, nº 36, 1987, pp. 17-28.

50. CÍCERO, M. T. *Da velhice e da amizade.* São Paulo, Cultrix, s/d.

51. Classificação de Transtornos Mentais e de Comportamento da CID-10 — Descrições clínicas e diretrizes diagnósticas. Porto Alegre, Artes Médicas Sul, 1993.

52. COELHO DE FARIA, C. *A vida não tem idade — Uma experiência a serviço da gerontologia social.* 2ª ed, São Paulo, Bisordi, 1973.

53. _____. *Velhice é preconceito — Uma experiência a serviço da gerontologia social.* São Paulo, Bisordi, 1977.

54. COMBAZ, C. *O elogio da idade em um mundo jovem e bronzeado.* Rio de Janeiro, Nova Fronteira, 1990.

55. COMFORT, A. *A boa idade.* São Paulo, Difusão Editorial, 1979.

56. CONI, N.; DAVISON, W.; WEBSTER, S. *Tudo o que você precisa saber sobre o envelhecimento*. São Paulo, Experimento, 1996.

57. CONRAD, W. K. A group therapy program with older adults in a high-risk neighborhood setting. *International Journal of Group Psychotherapy*, v. XXIV, n° 3, 1974, pp. 358-60.

58. CORRÊA, A. C. O. *Envelhecimento, depressão e doença de Alzheimer*. Belo Horizonte, Health, 1996.

59. COSTA, E. M. S. Grupo psicodramático com pacientes acima de 50 anos — relato de uma experiência. *Temas*, São Paulo, n° 27, 1984, pp. 109-18.

60. _____. O jogo dramático em Psicodrama de Grupo com pacientes da terceira idade. Trabalho apresentado no IV Congresso Brasileiro de Psicodrama em Caldas Novas (GO), 1986, não publicado.

61. _____. A propósito do silêncio em Grupos de Psicoterapia Psicodramática. Trabalho apresentado na Sociedade de Psicodrama de São Paulo, para obtenção do título de Terapeuta de aluno (1990) e no 7° Congresso Brasileiro de Psicodrama no Rio de Janeiro, 1990. Publicado um resumo nos Anais, pp. 247-55.

62. _____. Gerontodrama: Psicoterapia Geriátrica em Grupo. Tema livre apresentado no I Congresso Latino-Americano de Gerontologia do COMLAT-AIG; IX Congresso Brasileiro de Geriatria e Gerontologia e VII Congresso Latino-Americano de Geriatria e Gerontologia em São Paulo, 1991, não publicado.

63. _____. O envelhecimento e seus aspectos sociais. Tema livre apresentado no I Congresso Latino-Americano de Gerontologia do COMLAT-AIG; IX Congresso Brasileiro de Geriatria e Gerontologia e VII Congresso Latino-Americano de Geriatria e Gerontologia em São Paulo, 1991, não publicado.

64. _____. Terceira idade e a felicidade merecida. *Viver Psicologia*, São Paulo, ano 1, n° 1, 1992.

65. _____. Envelhecimento: Um processo natural ou cultural? *Viver Psicologia*, São Paulo, ano 1, n° 6, 1992.

66. _____. Algumas considerações teórico-práticas sobre a cena psicodramática. *Psicodrama — Revista da Sociedade de Psicodrama de São Paulo*, São Paulo, ano IV, n° 4, 1992, pp. 32-43.

67. COSTA, E. M. S.; ANTONIO, R. Resgate da cidadania na Terceira Idade: Uma experiência sociátrica. Trabalho apresentado no 1° Congresso Iberoamericano de Psicodrama, Salamanca, Espanha, de 27 de fevereiro a 2 de março de 1997, publicado nos Anais do Congresso.

68. CUKIER, R. Como sobrevivem emocionalmente os seres humanos? *Revista Brasileira de Psicodrama*. São Paulo, v. 3 (II), 1995, pp. 59-79.

69. _____. Quando Narciso encontrou Moreno: O psicodrama dos distúrbios narcísicos de personalidade. Trabalho apresentado no Instituto de Psicodrama J. L. Moreno para título de Professora-Supervisora em 1996.

70. CUKIER, R.; MARMELSZTEJN, S. Eu te odeio... Por favor, não me abandones! *Mo-*

mento — Revista del Instituto de Psicodrama J. L. Moreno, Buenos Aires, ano 3, nº 7, 1997, pp. 31-40.

71. CUISSARD, A. Grupos terapeuticos y tercera edad — Situación de las personas de tercera edad en el mundo actual. *Temas Grupales 2*, Buenos Aires, Ediciones Cinco, 1988.

72. D'ANDRÉA, F. F. *Psicodrama — Teoria e técnicas*. Rio de Janeiro, Bertrand Brasil, 1987.

73. DAVOLI, C. Aquecimento — Caminhos para a dramatização. *Revista Brasileira de Psicodrama*, São Paulo, v. 5, nº 1, 1997, pp. 51-61.

74. DESSUANT, P. *O narcisismo*. Rio de Janeiro, Imago, 1992.

75. EVA, A. C. et al. Alcance da Psicoterapia de Grupo. In: *Estudos sobre psicoterapia de grupo*. São Paulo, Clóvis Martins Editor, 1966, pp. 119-21.

76. EVA, A. C. Grupos terapêuticos psicodramáticos — Uma tentativa de sistematização. *Psicodrama — Revista da Sociedade de Psicodrama de S. Paulo — SOPSP*, São Paulo, v. II, nº 2, 1977-78, pp. 27-38.

77. EY, H.; BERNARD, P.; BRISSET, Ch. *Tratado de psiquiatria*. Barcelona, Toray Masson, S.A., 1969.

78. FAVA, S. R. S. Os conceitos de espontaneidade e tele na educação. In: PUTTINI, E. F.; LIMA, L. M. S. (orgs.). *Ações Educativas — Vivências com psicodrama na prática pedagógica*. São Paulo, Ágora, 1997.

79. FERREIRA, A. B. H. *Novo Dicionário da Língua Portuguesa*. 2ª ed. revista e aumentada, Rio de Janeiro, Nova Fronteira, 1986.

80. FLÓREZ TASCÓN, F. J.; LÓPES-IBOR, J. M. *Saber envejecer — como vivir mas y mejor*. Madri, Temas de Hoy, 1994.

81. FONSECA FILHO, J. S. *Psicodrama da loucura — Correlações entre Buber e Moreno*. São Paulo, Ágora, 1980.

82. _____. O doente, a doença e o corpo. Visão através do psicodrama interno. O corpo físico, o corpo psicológico e o corpo energético. *Revista Brasileira de Psicodrama*, São Paulo, 2 (I), 1994, pp. 41-8.

83. _____. Diagnóstico da personalidade e distúrbios de identidade. *Revista Brasileira de Psicodrama*, São Paulo, 3 (I), 1995, pp. 21-9.

84. _____. Psicoterapia da relação. *Temas*, São Paulo, 1992.

85. FRAIMAN, A. P. *Sexo e afeto na terceira idade*. São Paulo, Editora Gente, 1994.

86. _____. *Coisas da idade*. São Paulo, Editora Gente, 1995.

87. FREITAS, E. V. Características do envelhecimento. In: *Anais Brasileiros de Geriatria & Gerontologia*, v. III, nºs 3-4, 1981, pp. 91-6.

88. FREUD, S. El metodo psicoanalitico de Freud. In: *Obras Completas*. 3ª ed., Madri, Biblioteca Nueva, 1973, tomo I — XXII, pp. 1003-6.

89. _____. Sobre psicoterapia. In: *Obras Completas*. 3ª ed., Madri, Biblioteca Nueva, 1973, tomo I — XXIII, pp. 1007-13.

90. _____. Introduccion al narcisismo. In: *Obras Completas*. 3ª ed., Madri, Biblioteca Nueva, 1973, tomo II, LXXXVII, pp. 2017-33.

91. FREUD, S. La vida sexual humana. Leccion XX. In: *Obras Completas*. 3ª ed., Madri, Biblioteca Nueva, 1973, tomo II, pp. 2311-21.

92. _____. Desarollo de la libido y organizaciones sexuales. Leccion XXI. In: *Obras Completas*. 3ª ed., Madri, Biblioteca Nueva, 1973, tomo II, pp. 2322-34.

93. _____. La teoria de la libido y el narcisismo. Leccion XXVI. In: *Obras Completas*. 3ª ed., Madri, Biblioteca Nueva, 1973, tomo II, pp. 2379-91.

94. _____. (B) Teoria de la libido. In: *Obras Completas*. 3ª ed., Madri, Biblioteca Nueva, 1973, tomo III, pp. 2674-76.

95. GAIARSA, J. A. *Como enfrentar a velhice*. 1ª ed., São Paulo, Ícone, 1986.

96. GARRIDO MARTÍN, E. *J. L. Moreno: Psicologia do encontro*. São Paulo, Duas Cidades, 1984.

97. GAYOTTO, M. L. C. Grupo operativo de aprendizagem com pessoas da terceira idade. *Revista Brasileira de Pesquisa em Psicologia*, v. 1, nº 2, 1989, pp. 27-36.

98. GOMES, F. A. Envelhecimento — Aposentadoria, perda dos objetos, destino do idoso, preparação para o envelhecimento. In: *Anais Brasileiros de Geriatria & Gerontologia*, v. 2, nº 1, 1980, pp. 9-13.

99. GONÇALVES, C. S.; WOLFF, J. R.; CASTELLO DE ALMEIDA, W. *Lições de psicodrama — Introdução ao pensamento de J. L. Moreno*. São Paulo, Ágora, 1988.

100. HAYFLICK, L. *Como e por que envelhecemos*. Rio Janeiro, Campus, 1996.

101. HILDEBRAND, H. P. Psychotherapy with older patients. *British Journal of Medical Psychology*, nº 55, 1982, pp. 19-28.

102. HOJAIJ, C. R. O ser do ser-velho. *Revista Brasileira de Medicina* (Psiquiatria), nº 2, 1982, pp. 50-2.

103. HOLMES, P.; KARP, M. (orgs.). *Psicodrama — Inspiração e técnica*. São Paulo, Ágora, 1991.

104. HOLMES, P. *A exteriorização do mundo interior — O psicodrama e a teoria das relações objetais*. São Paulo, Ágora, 1996.

105. HOOGEBEETZ, J. D.; LAWALL, J. Mudança nos conceitos de problemas psiquiátricos na velhice. *Centro de Documentação e Pesquisas sobre a Terceira Idade*, São Paulo, Sesc, pp. 1-12.

106. JASPERS, K. *Psicopatologia geral*. Rio de Janeiro, Atheneu, 1973, v. 2.

107. JUNG, C. G. *A natureza da psique*. 3ª ed., Petrópolis, Vozes, 1991.

108. KAPLAN, H. I.; SADOCK, B. J. *Compêndio de psiquiatria — Ciências comportamentais — Psiquiatria clínica*. 6ª ed., Porto Alegre, Artes Médicas Sul, 1993.

109. KNOBEL, A. M. A. C. O teste sociométrico centrado no indivíduo. Dissertação para credenciamento como Terapeuta de aluno, SOPSP, 1981.

110. _____. Estratégias de direção grupal. *Revista Brasileira de Psicodrama*. São Paulo, v. 4, nº 1, 1996, pp. 49-62.

111. KING, K. S. Reminiscing psychotherapy with aging people. *IJPNMHS*, v. 20, nº 2, 1982, pp. 21-5.

112. KOHUT, H. *Self e narcisismo*. Rio de Janeiro, Zahar Editores, 1978.

113. LAPLANCHE, J.; PONTALIS, J. B. *Vocabulário da psicanálise*. 11ª ed. totalmente revista e adaptada para o Brasil. São Paulo, Martins Fontes, 1991.

114. LEME, L. E. G. *O envelhecimento*. Coleção "Mitos & Verdades". São Paulo, Contexto, 1997.

115. LOPES, A. C. *Como viver feliz seus 100 anos*. São Paulo, Edições Paulinas, 1993.

116. LÓPES IBOR, J. J. *Lecciones de psicologia médica*. 5ª ed., Madri, Paz Montalvo, 1968, v. I e II.

117. LOUZÃ NETO, M. R.; MOTTA, T.; WANG, Yuan-Pang; ELKIS, H. (orgs.). *Psiquiatria básica*. Porto Alegre, Artes Médicas Sul, 1995.

118. LOWEN, A. *Narcisismo — Negação do verdadeiro self*. São Paulo, Cultrix, 1993.

119. MARINEAU, René. *J. L. Moreno et la troisième révolution psychiatrique*. Paris, A. M. Métailié, 1989.

120. MAZOR, R. Drama therapy for the elderly in a day care center. *Hospital & Community Psychiatry*, v. 33, nº 7, 1982, pp. 577-9.

121. MAYER-GROSS, W.; SLATER, E.; ROTH, M. *Psiquiatria clínica*. São Paulo, Mestre Jou, 1972.

122. MENEGAZZO, C. M.; TOMASINI, M. A.; ZURETTI, M. M. *Dicionário de Psicodrama e Sociodrama*. São Paulo, Ágora, 1995.

123. MONTEIRO, R. F. *Jogos dramáticos*. São Paulo, McGraw-Hill do Brasil, 1979.

124. MOREIRA, I. S. Reflexões sobre Psicodrama com pessoas de meia-idade. *Revista da FEBRAP*, v. 2, nº 1, 1979, pp. 35-7.

125. MOREIRA, M. S. Gerontopsiquiatria: Psicopatologia clínica e terapêutica — (Conclusão). *Senecta*, v. 2, nº 2, 1979, pp. 32-6.

126. MORELLI, A. C. Política para la ancianidad en las grandes ciudades del Cono Sur. In: *Anais Brasileiros de Geriatria e Gerontologia*, v. III, nº 3-4, 1981, pp. 114-22.

127. MORENO, J. L. *Las bases de la psicoterapia*. Buenos Aires, Hormé S. A. E., 1967.

128. _____. *Fundamentos de la sociometria*. 2ª ed., Buenos Aires, Paidós, 1972.

129. _____. *Psicoterapia de grupo e psicodrama*. São Paulo, Mestre Jou, 1974.

130. _____. *Psicodrama*. São Paulo, Cultrix, 1975.

131. _____. *J. L. Moreno y Las Palabras del Padre*. Buenos Aires, Vancu, 1976.

132. _____. *El teatro de la espontaneidad*. Buenos Aires, Editorial Vancu, 1977.

133. _____. *Quem sobreviverá ? Fundamentos da sociometria, psicoterapia de grupo e sociodrama*. Goiânia, Dimensão Editora e Distribuidora Ltda., 1994, v. I, II e III.

134. MOTTA, J. (org.). *O jogo no psicodrama*. São Paulo, Ágora, 1995.

135. NAFFAH NETO, A. *Psicodrama — Descolonizando o imaginário — Um ensaio sobre J. L. Moreno*. São Paulo, Brasiliense, 1979.

136. _____. *Psicodramatizar*. São Paulo, Ágora, 1980.

137. NERI, A. L. (org.). *Psicologia do envelhecimento. Temas selecionados na perspectiva de curso de vida*. Campinas, Papirus, 1995.

138. NOBRE DE MELO, A. L. *Psiquiatria*. Rio de Janeiro, Guanabara Koogan, 1981.

167

139. NOGUEIRA FILHO, D. M. A senescência ou envelhecimento: Aspectos gerais. *Temas*, v. IX, nº 17, 1979, pp. 63-71.

140. NOSEDA, E. Acerca de la técnica del doble. Selección de textos y comentarios. *Momento — Revista del Instituto de Psicodrama J. L. Moreno*, Buenos Aires, ano 3, v. 7, 1997, pp. 41-51.

141. PELICIER, Y. Modèles en gérontologie et gériatrie. *Revista da Associação Brasileira de Psiquiatria*, v. 2, nº 1, 1980, pp. 12-8.

142. PERAZZO, S. *Descansem em paz os nossos mortos dentro de mim* (sobre psicodrama, diante e através da morte). Rio de Janeiro, Francisco Alves, 1986.

143. _____. *Moreno, Dom Quixote e a matriz de identidade: uma análise crítica. O psicodramaturgo J. L. Moreno*. São Paulo, Casa do Psicólogo, 1989.

144. _____. *Ainda e sempre psicodrama*. São Paulo, Ágora, 1994.

145. PEREIRA, I. L. L.; VIEIRA, C. M. *A terceira idade — guia para viver com saúde e sabedoria*. Rio de Janeiro, Nova Fronteira, 1996.

146. PERIVIER, Ed. et al. Le temps de la vie — Réflexion à propos des mécanismes psychopathologiques de l'involution. *Société Médico-Psychologique*, séance du 16 février, 1987, pp. 448-50.

147. PINHO, A. R. O paciente difícil em gerontopsiquiatria. In: *Anais Brasileiros de Geriatria & Gerontologia*, v. 1, nº 1, 1979, pp. 9-14.

148. PRATES DA SILVEIRA, M. I.; SILVA BENTO, V. E. A síndrome normal da velhice: uma abordagem biopsicossocial e uma proposta psicoterápica. In: *Arquivos Bras. Psic.*, Rio de Janeiro, v. 34, nº 4, 1982, pp. 133-41.

149. QUEIROZ, Z. P. V. Os idosos: uma nova categoria etária no Brasil. *Cadernos de Terceira Idade*, São Paulo, Sesc, nº 10, 1982, pp. 17-31.

150. RAMADAN, Z. B. A. Quadros psiquiátricos associados à velhice — Neuroses. *Temas*, nº 16, 1979, pp. 7-17.

151. _____. O ser-no-mundo do idoso. Abordagem existencial da psicoterapia na terceira idade. *Temas*, nº 27, 1984, pp. 119-26.

152. RAMÍREZ, G. C. *Envejecer no es deteriorarse*. 5ª ed., Madri, Paraninfo S.A., 1981.

153. RIEMANN, F. *A arte de envelhecer*. São Paulo, Veredas Editora, 1990.

154. ROJAS-BERMÚDEZ, J. G. *Introdução ao psicodrama*. 2ª ed., São Paulo, Mestre Jou, 1977.

155. ROLIM, V. Sentimento de ódio no narcisismo. Trajetória de uma transformação numa psicoterapia psicodramática. *Momento — Revista del Instituto de Psicodrama J. L. Moreno*, Buenos Aires, ano 3, nº 7, 1997, pp. 19-30.

156. RÓSSI, E. A medicina clínica na 3ª idade — Envelhecimento e velhice: Uma nova realidade. In: *Documentação Sesc*, São Paulo, 1981, pp. 33-53.

157. RUSSEL, B. *A conquista da felicidade*. São Paulo, Companhia Editora Nacional, 1956.

158. SALGADO, M. A. Velhice, uma nova questão social. In: *Biblioteca Científica Sesc — Série Terceira Idade 1*, São Paulo, editado por S. S. Comércio, 1982.

159. SALGADO, M. A. O significado da velhice no Brasil: Uma imagem da realidade latino-americana. *Cadernos da Terceira Idade*, Sesc, São Paulo, nº 10, 1982, pp. 7-13.

160. SALVAREZZA, L. *Psicogeriatria — Teoría y clínica*. Buenos Aires, Paidós, 1993.

161. SCHACHTER-SHALOMI, Z.; MILLER, R. S. *Mais velhos mais sábios — Uma visão nova e profunda da arte de envelhecer*. Rio de Janeiro, Campus, 1996.

162. SCHULTE, W.; TÖLLE, R. *Manual de psiquiatria*. São Paulo, Editora Psicológica e Universitária Ltda., 1981.

163. SEARS, R. R.; FELDMAN, S. S. *As sete idades do homem*. Rio de Janeiro, Zahar, 1981.

164. SÉGUIER, J. *Dicionário Prático Ilustrado — Tomo I do Novo Dicionário Enciclopédico Luso Brasileiro*. Porto, Lello & Irmão, 1969.

165. SHARP, D. *Ensaios de sobrevivência — Anatomia de uma crise da meia-idade*. São Paulo, Cultrix, 1990.

166. SHEEHY, G. *Passagens — Crises previsíveis da vida adulta*. 9ª ed., Rio de Janeiro, Francisco Alves, 1984.

167. SILVA FILHO, L. M. A. Atualidades nos métodos terapêuticos psiquiátricos: psicoterapias. *Cadernos de Psicodrama — Psicodrama nas Instituições*, São Paulo, Ágora, 1990, pp. 51-6.

168. SILVA, R. T.; SANTOS, A. G. Ciúme na relação afetiva. In: *Vida a dois*. São Paulo, Siciliano, 1991, pp. 17-27.

169. SILVA, W. N. et al. *Temas de Clínica Geriátrica*. São Paulo, Fundo Editorial Byk-Procienx, 1973.

170. SKINNER, B. F.; VAUGHAN, M. E. *Viva bem a velhice — Aprendendo a programar a sua vida*. São Paulo, Summus, 1985.

171. SOARES VARGAS, H. Aspectos psicológicos e psicopatológicos do envelhecimento. In: *Anais Brasileiros de Geriatria & Gerontologia*, v. 3, nos 3-4, 1981, pp. 97-104.

172. _____. Envelhecimento e estresse. *Diálogo Médico*, v. 10, nº 3, 1984, pp. 27-33.

173. _____. *Psicogeriatria geral*. Rio de Janeiro, Guanabara Koogan, 1994, v. 1.

174. SOEIRO, A. C. *Psicodrama e psicoterapia*. 2ª ed. revista e ampliada, São Paulo, Ágora, 1995.

175. SOLOMON, P.; PATCH, V. D. *Manual de psiquiatria*. São Paulo, Atheneu-Edusp, 1975.

176. SONENREICH, C. Os limites do "como se" no psicodrama. *Temas*, nos 5-6, 1973, pp. 59-75.

177. _____. Modificações psíquicas associadas à velhice. *Temas*, v. IX, nº 17, 1979, pp. 73-8.

178. SONENREICH, C.; BASSIT, W.; ESTEVÃO, G. Psicopatologia no idoso. *Temas*, nº 27, 1984, pp. 127-57.

179. STOETZEL, J. *La psychologie sociale*. Paris, Flammarion, 1963.

180. STREJILEVICH, S. M . Irritabilidad en familias de ancianos "quietos" y "inquietos" por motivos psicopatológicos. *Revista da Associação Brasileira de Psiquiatria e da Associação Psiquiátrica da América Latina*, v. 6, nº 23, 1984, pp. 177-8.

181. STUBBE, H.; RAMOS, A. V. O índice de mortalidade por suicídio entre viúvos. *Jornal Brasileiro de Psiquiatria*, v. 32, nº 2, 1983, pp. 91-4.

182. TALBOTT, J.; HALES, R.; YUDOFSKY, S. *Tratado de psiquiatria*. 1ª reimpressão, Porto Alegre, Artes Médicas Sul, 1992.

183. TFAUNI, D. F. V. Uma contribuição ao psicodrama com idosos. *Revista da FEBRAP*, v. 4, nº 4, 1984, pp. 112-23.

184. WOLFF, K. Group psychotherapy with geriatric patients in a State Hospital Setting — Results of a three year study. *Group Psychotherapy*, v. XII, nº 3, 1959, pp. 218-22.

185. _____. Group psychotherapy with geriatric patients in a Veterans Administration Hospital. *Group Psychotherapy*, v. XIV, nºs 1-2, 1961, pp. 85-9.

186. YAHN, M. Micropsicologia — Macropsicologia (conflito entre as gerações). *Revista Brasileira de Medicina* (Psiquiatria), nº 1, 1980, pp. 33-9.

Elisabeth Maria Sene Costa é médica-psiquiatra e psicodramatista. Formada pela Faculdade de Medicina de Itajubá, em Minas Gerais, ela fez sua especialização em psiquiatria na Escola Paulista de Medicina, hoje Unifesp. Trabalhou durante 11 anos como médica-assistente do Departamento de Psiquiatria do Hospital do Servidor Público Estadual. Formou-se psicodramatista na Sociedade de Psicodrama de São Paulo (Sopsp), e é terapeuta de aluno e professora-supervisora pela Federação Brasileira de Psicodrama (Febrap).

Foi justamente o trabalho apresentado para a obtenção do último título que deu origem a este livro.

Elisabeth escolheu o tema da terceira idade, ou da velhice, como ela prefere, sem preconceitos, por dedicar-se há mais de 15 anos ao atendimento de adultos nessa faixa de idade em sua clínica, embora também receba pacientes adultos jovens.

leia também

ANÁLISE PSICODRAMÁTICA
TEORIA DA PROGRAMAÇÃO CENESTÉSICA
Víctor R. C. Silva Dias

A partir das influências da Teoria do Núcleo do Eu de Rojas-Bermudez, da ampliação da Matriz de Identidade elaborada por Fonseca Filho e da própria experiência do autor como terapeuta, professor e supervisor de psicodrama, uma nova noção de processamento é apresentada aos leitores.
REF. 20466   ISBN 85-7183-466-0

CENAS FAMILIARES
PSICODRAMA E IDEOLOGIA
José Roberto T. Reis

Analisa a representação das famílias no processo psicodramático: como são valorizadas as relações de poder e as relações afetivas, destacando-se os valores referentes à sexualidade. Do ponto de vista teórico, o psicodrama é visto como a expressão da ideologia tal como ela circula nas relações familiares.
REF. 20399   ISBN 85-7183-399-0

PSICODRAMA NAS INSTITUIÇÕES
(CADERNOS DE PSICODRAMA)
Luiza C. A. Ricotta (org.)

Utilizado em situações e contextos fora do consultório, o psicodrama está assumindo feições próprias no Brasil. O psicodramatista alcança resultados satisfatórios em hospitais, ambientes de trabalho, instituições etc. Nesse volume está exposta essa prática e seus fundamentos teóricos.
REF. 20050   ISBN 85-7183-050-9

TEATRO PEDAGÓGICO
BASTIDORES DA INICIAÇÃO MÉDICA
Arthur Kaufman

Essa obra baseia-se no trabalho desenvolvido pelo autor na Faculdade de Medicina da USP. Utilizando o psicodrama, o estudante vivencia os papéis de médico, de paciente e os outros papéis a ele vinculados, o que o conduz a insights sobre desempenhos e sobre a questão da vocação. Excelente referência e reflexão de aplicação do psicodrama pedagógico na educação.
REF. 20402   ISBN 85-7183-402-4

IMPRESSO NA

sumago gráfica editorial ltda
rua itauna, 789   vila maria
02111-031   são paulo   sp
telefax 11 **6955 5636**
sumago@terra.com.br

G R Á F I C A
sumago

-------------------------- dobre aqui --------------------------------

CARTA-RESPOSTA
NÃO É NECESSÁRIO SELAR

O SELO SERÁ PAGO POR

AC AVENIDA DUQUE DE CAXIAS
01214-999 São Paulo/SP

-------------------------- dobre aqui --------------------------------

GERONTODRAMA: A VELHICE EM CENA

------ recorte aqui ------

CADASTRO PARA MALA-DIRETA

Recorte ou reproduza esta ficha de cadastro, envie-a completamente preenchida por correio ou fax, e receba informações atualizadas sobre nossos livros.

Nome: _____ Empresa: _____
Endereço: ☐ Res. ☐ Com. _____ Bairro: _____
CEP: _____ - _____ Cidade: _____ Estado: _____ Tel.: ( ) _____
Fax: ( ) _____ E-mail: _____ Data de nascimento: _____
Profissão: _____ Professor? ☐ Sim ☐ Não Disciplina: _____

1. Onde você compra livros?
☐ Livrarias ☐ Feiras
☐ Telefone ☐ Correios
☐ Internet ☐ Outros. Especificar: _____

2. Onde você comprou este livro? _____

3. Você busca informações para adquirir livros por meio de:
☐ Jornais ☐ Amigos
☐ Revistas ☐ Internet
☐ Professores ☐ Outros. Especificar: _____

4. Áreas de interesse:
☐ Psicologia ☐ Comportamento
☐ Crescimento Interior ☐ Saúde
☐ Astrologia ☐ Vivências, Depoimentos

5. Nestas áreas, alguma sugestão para novos títulos? _____

6. Gostaria de receber o catálogo da editora? ☐ Sim ☐ Não

7. Gostaria de receber o Ágora Notícias? ☐ Sim ☐ Não

Indique um amigo que gostaria de receber a nossa mala-direta.

Nome: _____ Empresa: _____
Endereço: ☐ Res. ☐ Coml. _____ Bairro: _____
CEP: _____ - _____ Cidade: _____ Estado: _____ Tel.: ( ) _____
Fax: ( ) _____ E-mail: _____ Data de nascimento: _____
Profissão: _____ Professor? ☐ Sim ☐ Não Disciplina: _____

Editora Ágora
Rua Itapicuru, 613 7º andar 05006-000 São Paulo - SP Brasil Tel. (11) 3872-3322 Fax (11) 3872-7476
Internet: http://www.editoraagora.com.br e-mail: agora@editoraagora.com.br

cole aqui